LE PLUTARQUE

DE

LA RÉVOLUTION FRANÇAISE

1789-1847

PUBLIÉ

Sous la direction de G. TOUCHARD-LAFOSSE.

HISTOIRE

POLITIQUE ET VIE INTIME

DE

CH. M. DE TALLEYRAND

PRINCE DE BÉNÉVENT

PAR

G. TOUCHARD-LAFOSSE

PARIS

AU BUREAU DE L'ADMINISTRATION

RUE PINON, 22

1848

Lagny. — Imprimerie hydraulique de Giroux et Vialat.

I

La Révolution française, c'est-à-dire cette période commencée, dans l'empire des faits, en 1789,
et qui n'est point encore terminée, la Révolution
française a laissé remarquer, entre autres principes
sympathiques ou antipathiques à son essence, trois

inclinations qui ne se sont point démenties : l'attachement immuable aux institutions de l'ancien régime ; le sentiment profond et persévérant d'une
égalité de droits qui devait être obtenue par le sacrifice de tous les priviléges, de tous les préjugés,
de tous les abus sociaux; enfin une mobilité d'opinions ou du moins de conduite politique, qui a
paru résulter des convictions nouvelles, dans tous
les changements de régime que les circonstances
ont amenés. Ces trois inclinations furent surtout
professées, pendant cinquante ans, par trois hommes
que l'on peut appeler types : Charles X., Lafayette et
de Talleyrand. Les deux premiers ont fléchi sous la
puissance des événements qui les soumettaient sans
les convaincre; quant à Talleyrand, roseau flexible,
il n'a jamais attendu que la tempête vînt le cour-
ber : on l'a vu dans toutes les occasions s'incliner
avant que l'autan soufflât; il était converti, disons
mieux, il paraissait l'être sans qu'on eût encore
songé à lui demander une conversion. Bien plus,
ce mortel si ductile, si malléable, s'ingénia durant
toute sa carrière politique, à grossir les orages
contre le pouvoir qu'il servait, dès qu'il le vit décliner. Les menées secrètes de cet homme d'État
s'ajoutèrent aux éléments de ruine successivement

réunis contre la République, contre l'Empire, contre la Restauration. Tel est cependant le système de versatilité que Charles-Maurice Talleyrand de Périgord s'est flatté de justifier dans les Mémoires qu'il a laissés, avec la condition expresse qu'ils ne seront publiés que trente ans après sa mort.... Précaution illusoire : si la critique dépose volontiers ses armes sur une tombe, l'histoire conserve les siennes, et son burin, que doit guider la vérité, loin de s'émousser, s'aiguise sur la pierre du sépulcre.

Les combinaisons, prétendues révélatrices et justificatives, du premier diplomate des temps modernes seront accueillies avec transport par la curiosité : on voudra voir jusqu'à quel point cet homme subtil est parvenu à parer sa vie des couleurs d'un patriotisme sincère, contre le témoignage de tant d'intrigues qui ont terni sa réputation. Il y aura, dans tous les cas, plaisir pour le lecteur, auquel les fameux Mémoires offriront l'attrait, rare de nos jours, d'un roman conçu avec habileté; il y aura grand profit pour l'éditeur, parce que tout débitant de scandale fait une bonne spéculation. Or, les révélations, même à demi voilées, de Charles-Maurice de Talleyrand, seront scandaleuses; nous en avons

pour garant le scepticisme malicieux, l'ironie lanci-
nante, la noirceur atténuée par un transparent rose,
qui furent les principaux traits du caractère qui va
se révéler à chaque page de l'histoire que nous
écrivons aujourd'hui.

Il faut remonter loin dans les annales de notre
monarchie pour saisir l'origine de la maison de Périgord ; par l'investigation dans les siècles reculés,
on trouve cette race entée sur celle des comtes de
Foix, souverains du Quercy. La seule principauté
qui ait existé en France avant le règne de Louis XIV
était celle de Chalais, et depuis huit cents ans elle
appartenait à la maison de Périgord. Les alliances
avec la famille régnante n'ont point manqué à l'illustration des Périgord : leur sang se mêlait à celui
de Henri IV.

Quant au nom de Talleyrand, était-ce celui d'un
fief, ou fut-ce originairement un sobriquet? c'est ce
qui n'a jamais été clairement établi par les généa-
logistes. On a prétendu que ce nom s'écrivait jadis
Tailleran, et plus anciennement *Taillerang*. Si l'on
admet cette version, il faut présumer qu'un Périgord aurait mérité ce surnom en *taillant*, de sa bonne
épée, les *rangs* ennemis, sous ses gonfanons de ban-
neret, qui portaient cette orgueilleuse devise : *Ré*

qué Diou (rien que Dieu). Quoiqu'il en soit, plusieurs comtes souverains du Périgord prirent le nom de Talleyrand au xiie siècle : entre autres, Hélie V, qui descendait de Boson Ier, comte de la Marche. Hélie de Talleyrand, troisième fils d'Hélie V, fut le chef de la branche aînée, éteinte depuis longtemps. Par cette extinction, la branche cadette, qui s'est perpétuée jusqu'à nos jours, se subdivisa en deux branches : le chef de l'aînée était, au xviiie siècle, le comte de Périgord, gouverneur des États de Languedoc jusqu'à la Révolution, et qui eut pour successeur le prince de Chalais.

Charles-Maurice de Talleyrand descendait de la branche cadette ; son père eut deux fils : le héros de cette histoire et le comte Archambault. A une époque où la grandeur se composait beaucoup plus essentiellement de ce qui séduit les yeux que de ce qui charme l'esprit, les perfections physiques étaient une des grandes vertus de la noblesse : on savait qu'elles jouissaient d'un crédit assuré à la cour de France, où, dans tous les temps, elles avaient été mises à profit par les deux sexes avec le plus expansif abandon. Or, Charles-Maurice, né à Paris, étant venu au monde boiteux, le 7 mars 1754, les espérances que son père faisait reposer sur ce fils aîné

s'affaiblirent de tout ce que cette infirmité inspirait
de craintes : le comte ne put supporter l'idée de
l'héritier d'un nom aussi illustre que le sien, boi-
tant au grand lever où à la tête d'une armée. Le bon
gentilhomme ne pouvait prévoir alors que la première condition de l'immense fortune de son premier né, consisterait précisément à ne jamais marcher droit. Privé des prérogatives de la primogéni-
ture, en faveur d'un frère qui promettait d'être et
qui fut beau comme Antinoüs, le pauvre Charles-
Maurice eut pour lot cette carrière ecclésiastique, où
l'on reléguait ordinairement les cadets de bonne
maison, en dorant leur avenir d'une mitre épiscopale.

Le jeune de Talleyrand entra de bonne heure au
collége Louis-le-Grand ; ses maîtres ne tardèrent
pas à remarquer en lui un esprit fin et délié, beaucoup de facilité, des dispositions à tout apprendre,
mais fort peu d'application, et une très grande pro-
pension à se moquer des réprimandes, qui ne lui
furent pas épargnées. En 1768, l'élève Charles-
Maurice, âgé de quatorze ans à peine, laissait poindre en lui des inclinations fort opposées à la profession qu'on lui destinait : on raconte que, durant
la semaine de Pâques, quelques-uns de ses condis-

_ciples et lui se trouvèrent avec des mousquetaires, dans un lieu dont la fréquentation ne fut jamais une nécessité pour un néophyte du temple. Une querelle s'étant engagée entre les militaires et les écoliers, l'élève de Talleyrand, pour se soustraire aux suites de ce débat inégal, dut sauter par une fenêtre. L'infirmité qui lui avait enlevé son droit d'aînesse se trouva tellement aggravée par cette chute, qu'il resta sur le pavé sans aucun moyen de locomotion. Ce fut seulement le matin qu'une patrouille du guet ramassa le descendant des comtes de la Marche, qui, ayant refusé de dire son nom et d'indiquer sa demeure, fut porté à l'Hôtel-Dieu. Soit que l'événement eût été découvert par le père du jeune aventurier ou par le principal du collége Louis-le-Grand, soit que Charles-Maurice, peu satisfait du régime de l'hôpital, se fût révélé lui-même, on l'enleva secrètement de l'Hôtel-Dieu au bout de quatre jours, et sa guérison acheva de s'opérer à l'infirmerie du collége.

On voit que le futur abbé de Périgord, dès l'année 1768, secouait assez violemment le joug des études ecclésiastiques : on trouva cette licence trop forte, et l'élève indépendant fut renvoyé du collége. Voué cependant au sacerdoce, il se livra alors à d'étranges récréations théologiques dans les coulisses de l'Opéra et dans certaines petites maisons, où quelques dames titrées lui accordèrent volontiers des dispenses d'âge. En 1768, Charles-Maurice, adolescent, renouvelait, en dépit du petit collet qui lui était imposé, le Fronsac des dernières années de Louis XIV; et le vieux Richelieu égayait journellement Louis XV, à son lever, des prouesses d'un émule tonsuré de sa jeunesse.

Le père de l'abbé de Périgord mourut en cette même année 1768, laissant à son frère aîné, le comte de Périgord, le soin de conduire Charles-Maurice, le moins mal possible, vers quelque confortable abbaye. La route des ambitions ecclésiastiques n'était pas assurément hérissée d'épines; cependant il fallait éviter que les fleurs du plaisir, qu'on y semait impunément, s'épanouissent jusqu'au scandale, au moins avant l'obtention du siége épiscopal. Un évêque se trouvait de plein droit sécularisé pour le monde : il était entendu que sa crosse devait jouir des mêmes immunités que l'épée d'un mousquetaire. Charles-Maurice traversait encore cette époque où le jeune homme promis aux autels ne doit marcher dans la vie que les yeux baissés; il est vrai que le petit abbé n'élevait jamais

les siens au-dessus d'un joli visage de femme ; mais
c'était un milieu vicieux entre le ciel et la terre, et
le vieux comte de Périgord, seigneur d'une vertu
rigide, se plaignait souvent de son neveu, qu'il faisait élever avec ses fils, le prince de Chalais et le
vicomte Adalbert.

Le gouverneur de ces jeunes gentilshommes ne
tarda pas à reconnaître que leur cousin, Charles-
Maurice, allait lui imposer de laborieuses obliga-
tions ; ses allures dégagées, sa vivacité d'esprit, une
certaine facilité à se laisser glisser sur la pente du
vice, telles étaient les qualités peu rassurantes que
le nouvel élève offrait à l'observation ; et l'honnête
magister prévit que ce naturel à dompter serait une
tâche au-dessus de ses forces. Sur un rapport ana-
logue que le gouverneur fit au comte de Périgord,
celui-ci se décida à faire entrer son neveu au séminaire ; mais ce parti ne fut pas pris assez promptement : Charles-Maurice eut le temps, dit-on, de séduire trois jeunes filles dont la destinée fut déplorable. « Ainsi, ajoute l'auteur auquel nous empruntons ce fait, M. de Talleyrand courtisa la République, la puissance impériale et la Restauration,
qui, comme les trois jeunes filles, devinrent tour
à tour ses victimes. » Le rapprochement est sévère ;

mais il ne manque pas de justesse. Cet événement fit du bruit, produisit du scandale. M. de Périgord, irrité des incartades par trop graves de son neveu, obtint une lettre de cachet, et Charles-Maurice, arrêté dans une maison de jeu, au mois d'octobre 1770, fut enfermé à la Bastille, sous le nom significatif de l'*abbé boiteux*. Il n'avait que seize ans, et l'on conviendra qu'il méritait déjà le surnom de *diable boiteux*, qu'on lui donna, quelque cinquante ans plus tard, dans sa propre famille. « C'est dommage qu'on ait embastillé l'abbé de Talleyrand, dit le caustique Sainte-Foix, c'était un bon modèle pour les sous-lieutenants de dragons. « Charles-Maurice ne resta que deux mois à la Bastille ; mais, transféré au donjon de Vincennes, sa captivité se prolongea plus d'une année.

Je ne sais quel philosophe a dit que le premier degré de l'habileté était l'hypocrisie : l'abbé de Talleyrand, enfermé et au secret, pensa que cet axiome pouvait être bon à expérimenter. Le chapelain du château visitait souvent le jeune prisonnier : cet ecclésiastique l'avait d'abord trouvé fort indiscipliné, se révoltant avec une sorte de fureur contre sa destinée, et peu disposé à la résipiscence. Tout-à-coup, Charles-Maurice s'amenda à tel point que l'on put croire à l'intervention de l'esprit divin. Chaque fois que le chapelain entrait dans sa prison, il le trouvait agenouillé, pleurant, se lamentant sur ses fautes passées, multipliant ses actes de contrition, s'engageant en un mot dans les voies de la grâce avec une ardeur ascétique. « Je n'aspire à la liberté, répétait-il souvent au bon prêtre, que pour m'en priver volontairement et à jamais. Oui, je veux m'ensevelir à la Trappe et expier l'énormité de mes péchés par les rigueurs d'une discipline sévère. » Quand on songe que tout cela était joué, quelle idée ne doit-on pas se faire des dispositions que le jeune Talleyrand montrait dès lors pour la profession de diplomate?

Frappé d'une réforme si prompte, si complète, qui promettait une vie future si pleine de pénitence, le chapelain écrivit au comte de Périgord que son neveu avait fait un retour non moins édifiant que sincère vers la vertu, et que l'on ne pouvait trop se hâter d'ouvrir les portes de sa prison, afin qu'il pût porter dans le sein de la religion une âme complétement purgée des souillures du péché. Sur d'aussi positives assurances, le comte fit relaxer Charles-Maurice, qui fut envoyé immédiatement chez les jésuites de Toulouse pour terminer ses

études. Comment, avec les dispositions naturelles
que nous lui connaissons, l'abbé de Talleyrand
n'eût-il pas été dans la suite ambassadeur? comment
n'eût-il pas justifié héroïquement, par la conduite
de toute sa vie, ce mot fameux qu'on lui a généralement attribué : «La parole est donnée à l'homme
« pour déguiser sa pensée. »

En 1773, l'abbé de Talleyrand fut reçu membre
du clergé par ce Loménie de Brienne, archevêque
de Toulouse, qui, plus tard, devait, à force d'imprudence et d'impéritie, contribuer au renversement
du trône. Charles-Maurice prit alors le nom de Périgord, sous lequel il fut admis au séminaire de
Saint-Sulpice à Paris. Dès cette époque le jeune sé-
minariste commença à comprendre que, pour réussir dans le monde, il ne suffit pas d'être habile à
courtiser les dames et fécond en saillies spirituelles
et incisives; les grandes capacités dont la nature
l'avait doté furent appliquées au travail, à la réflexion. Nous doutons cependant qu'il n'y ait pas
un peu d'exagération dans le portrait suivant tracé
par M. Mignet, en le faisant rapporter au temps de
du noviciat sacerdotal de l'abbé. Il y a aussi des
sympathies diplomatiques, et l'élégant historien a
été diplomate. « Livré à lui-même pendant son

« enfance et sa jeunesse, dit cet écrivain, M. de
« Talleyrand se forma seul. Il réfléchit de bonne
« heure et apprit à concentrer les sentiments qu'il
« ne pouvait pas exprimer et répandre. M. de Tal-
« leyrand était né avec des qualités rares. L'éduca-
« tion qu'il reçut à Saint-Sulpice et à la Sorbonne
« en ajouta d'autres à celles qu'il tenait de la na-
« ture, et dont quelques-unes prirent même une
« autre direction. Il était intelligent, il devint in-
« struit; il était hardi, il devint réservé; il était ar-
« dent, il devint contenu; il était fort, il devint
» adroit. L'ambition qu'il aurait eue partout et
« qui, inséparable de ses grandes facultés, n'était
« en quelque sorte que leur exercice, emprunta
« aux habitudes de l'Église sa lenteur et ses
« moyens... C'est à cette grande école que M. de
« Talleyrand s'instruisit dans l'art de pénétrer les
« hommes, de juger les circonstances, de saisir
« les à-propos, de s'aider du temps sans le devan-
« cer, de se servir des volontés sans les contrain-
« dre. »

Sans doute l'Église peut prêter à l'esprit beaucoup
de ressources pour attendre et persévérer, pour tirer
tout le parti possible des influences secrètes; mais
l'éducation morale de M. de Talleyrand dut se com

pléter à une école plus vaste. Sorti de la Sorbonne, où se terminèrent en effet ses études ecclésiastiques, nous allons le voir puiser l'expérience à toutes les sources, et l'on sait que les moins pures, qu'il rechercha souvent, ne sont pas les moins fécondes.

Le séjour de l'abbé de Périgord au séminaire et à la Sorbonne ne dut pas être long, puisque déjà ordonné prêtre à la fin de 1773, il fut présenté à la cour en cette même année. Or, la cour était alors le boudoir ou la chambre à coucher de madame du Barry; il n'y avait plus de grand ou de petit lever que chez elle; et nous sommes convaincu que ce ne fut pas auprès de cette favorite, si prompte à encourager les élans d'âme expansifs, que le nouveau lévite se piqua *de concentrer les sentiments qu'il ne pouvait pas exprimer et répandre.* Doué d'une jolie figure, spirituel, audacieux avec adresse, souple auprès des gens en crédit, vaniteux avec les hommes de mince valeur, faisant bon marché des scrupules et des préjugés, et confiant dans sa fortune comme on l'est à dix-neuf ans, l'abbé de Périgord avait toutes les qualités et surtout tous les défauts qui pouvaient le recommander auprès de la maîtresse en titre du vieux roi. Nous ne croyons rien hasarder en ajoutant que ce furent les défauts qui le recommandèrent. Ce n'était guère que par des vices aimables que l'on méritait, au jugement de cette suprême courtisane, les régiments et les bénéfices. Pour première grâce, l'abbé de Périgord obtint deux abbayes, dont le revenu s'élevait à vingt-quatre mille livres. On raconte qu'un bon mot sorti de cette bouche qui devait en être si prodigue, fut, sinon la cause déterminante de cette double faveur, du moins le prétexte pour obtenir la sanction royale.

Le boudoir de madame Du Barry n'était pas, on le pense bien, le centre d'une conversation édifiante : la philosophie s'y était introduite sous la forme d'une nymphe accusant le nu avec beaucoup d'abandon, et rien ne plaisait tant à la dame du lieu que d'entendre le récit des scandales de la ville. Un jour donc, dit un mémorialiste bien informé à qui nous ferons quelques emprunts, chacun des assistants à la toilette de madame du Barry racontait ses prouesses galantes. L'abbé de Périgord, qui aurait pu déjà présenter une liste comparable à celle de don Juan, se taisait ; mais il laissait errer sur ses lèvres ce sourire malin et un tant soit peu diabolique qui signifie que, si l'on ne parle pas, ce n'est point faute d'avoir beaucoup à dire. La favorite, qui s'y connaissait, l'interpella, en lui demandant à quoi il songeait. « Hélas! Ma- « dame, répondit-il d'un air paterne, je faisais une « réflexion bien triste. — Et laquelle? — Ah! Ma- « dame, Paris est une ville dans laquelle il est « bien plus aisé d'avoir des femmes que des ab- « bayes. » Le mot, rapporté à Louis XV, lui plut singulièrement, et Sa Majesté trouva que ce n'é- tait pas trop de deux abbayes pour en récompenser l'auteur. Ce ne fut pas tout, la répartie de l'abbé fit fortune dans le monde; vingt dames titrées s'em- pressèrent d'en confirmer la justesse.

Cependant, après la mort de Louis XV, les ab- bés, dont les galanteries avaient été longtemps ad- mises à la cour à titre de vertus ecclésiastiques, les abbés durent offrir au jeune Louis XVI d'autres garanties. En 1780, les aventures de Charles- Maurice eurent un retentissement si peu canoni- que, qu'il se vit contraint de se retirer à Autun, dont le siége lui était promis en survivance. Cet exil, que l'abbé s'était imposé afin d'éviter qu'on le lui imposât, ne dura que quatre mois; il re- vint ensuite à Paris; et, pour mieux cacher ses intrigues, il les divisa. On lui connut alors six lo- gements, loués sous des noms différents. Le vieux maréchal de Richelieu, ce prototype des roués de haute volée, se déclara surpassé par l'abbé de Périgord : « Il y a, répétait-il souvent, il y a de l'héroïsme à mener si joyeuse vie avec une fortune aussi bornée. Moi, qui suis riche, j'ai dû plus d'une fois emprunter sur la plaque de mon ordre, c'est-à-dire *mettre le Saint-Esprit en gage*, comme a dit un malin rimeur, pour me maintenir au niveau de ma renommée... Ce petit abbé-là ira loin. »

Malgré l'habileté constatée par un juge aussi compétent que Richelieu, l'abbé de Périgord eut une aventure dont le scandale produisit tant d'éclat, qu'il parvint aux oreilles du roi. Le nonce du pape crut devoir brandir en cette circonstance les foudres du Vatican : il réprimanda l'abbé en présence de l'archevêque de Paris, entouré d'un nombreux clergé. M. de Talleyrand tint bonne note de cette admonition sévère ; il voyait clairement la marche des événements, et dut se dire : « Je vous retrouverai, messieurs du clergé. » Il les a retrouvés à l'assemblée nationale.... Mais, en attendant ce jour de représailles, l'abbé fut conduit à Autun sous l'escorte de deux gardes-du-corps, avec défense d'en sortir jusqu'à nouvel ordre. Cette fois, son exil dura deux ans.

Relégué dans une petite ville où l'on ne pouvait être vicieux avec avantage, Charles-Maurice se rappela l'axiome si heureusement mis à profit dans le donjon de Vincennes : son habileté se fit hypocrite. Un marquis de C***, dont il avait séduit la femme, devenue religieuse à Pavie, reçut un jour de l'exilé une lettre touchante : « Depuis notre cruelle sépara-« tion » écrivait-il à ce mari trompé, maintenant confident du séducteur, selon les usages exception-nels de la cour, « mes idées sont bien changées; « je m'occupe exclusivement du salut de mon âme. « Mes pensées les plus intimes sont entièrement « détachées de la terre et fixées sur un autre « monde meilleur. Je ne veux m'appliquer désor-« mais qu'à édifier, par ma dévotion sincère, les « habitants d'un diocèse dont le bâton pastoral « doit un jour être confié à la fragilité de mes « mains; je médite jour et nuit sur la sainte di-« gnité du sacerdoce épiscopal. Chaque jour, Mon-« sieur, dans la ferveur de mes prières, j'ai invo-« qué le pardon du Seigneur et les lumières du « Saint-Esprit. Ce n'est pas seulement pour moi, « pauvre pécheur, que j'ai imploré la miséricorde « divine; ce me serait une grande consolation de « croire que mes dévotes instances ont été assez

« efficaces pour ramener *une âme aimante* dans la
« voie du salut. Mais sans oser leur attribuer une
« vertu dont elles sont indignes, je me prosterne
« devant le Seigneur, et je le remercie à deux ge-
« noux et à mains jointes d'avoir opéré une con-
« version qui doit apporter quelque allégement à
« votre douleur et à mon repentir. »

Il est curieux de voir ce que dérobait de vrais
sentiments ce voile d'hypocrisie : On lisait dans une
.ettre postérieure de plusieures années à celle que
nous venons de rapporter, et écrite à une dame qui
fut longtemps l'amie de M. de Talleyrand : « Les
« deux années de mon exil à Autun ont été nulles
« dans mon existence, et jamais pourtant je n'au-
« rais eu plus besoin des consolations d'une amie,
« pour m'aider à supporter un ennui intolérable.
« Ces femmes de province sont de singulières créa-
« tures : croiriez-vous que ma disgrâce à la cour
« les avait rendues revêches; elles me regardaient
« comme un homme dont les beautés de Paris et de
« Versailles ne voulaient plus , et elles auraient
« craint de se compromettre en acceptant des hom-
« mages au-devant desquels elles s'étaient jetées
« durant mon premier séjour à Autun. Au surplus,
« je n'en fus que médiocrement affligé. Je pouvais

« trouver auprès d'elles des distractions; mais il
« n'y avait rien pour le cœur; et depuis que je vous
« aime avec tant de tendresse, d'amour et d'aban-
« don, je sais que les joies de l'âme sont seules ca-
« pables de rendre heureux. »

Les grandes familles jouissaient à la cour de
France d'un si ample crédit, que les plus scandaleux
excès, les méfaits les plus contraires à l'honneur,
ne suffisaient pas pour les compromettre : à peine
si l'infâme banqueroute des Rohan atteignit, aux
yeux de la noblesse, la splendeur quasi-royale de
cette famille. Une tradition ne s'était pas perdue
parmi les grands : à savoir que le brigandage de
leurs aïeux n'avait jamais imprimé la moindre tache à leur écusson, et que la probité n'était point
une vertu héraldique. Personne ne fut donc surpris d'apprendre, en 1780, que l'abbé de Périgord
venait d'être élevé à la dignité d'agent général du
clergé de France : il avait vingt-six ans. Du reste
on ne pouvait, sous le rapport de la capacité, faire
un meilleur choix. Hors du cercle de la vie privée,
Charles-Maurice se faisait remarquer depuis longtemps déjà par la justesse et l'étendue de son esprit, par une rare perspicacité à saisir les affaires
sous leur véritable jour, par sa prudence dans leur

direction. Malheureusement, cette charge, dont le revenu dépassait quarante mille livres, était quinquennale. Mais le titulaire était homme à mettre le temps à profit : on pouvait être assuré qu'il ne quitterait ce degré de la hiérarchie ecclésiastique que pour monter plus haut. C'est ici le cas de dire que l'ambition du futur diplomate visait infiniment moins aux triomphes de l'orgueil qu'aux avantages positifs ; il savait trop bien à quel prix la considération s'acquiert ici-bas, pour s'enivrer follement de cette ambroisie qui a nom la gloire : aliment vaporeux des vanités frivoles. L'abbé de Périgord aimait l'argent avec concupiscence : « C'était son « Dieu, a dit un mémorialiste spirituel, et si ce « Dieu eût eu des évêques à son service, jamais « M. de Talleyrand ne se fût fait relever de ses « vœux. »

Fixé à la cour par ses fonctions, l'abbé de Périgord y développa des connaissances financières, des vues de gouvernement qui s'étaient mûries en lui durant son exil, et dans cette viduité de sa galanterie à laquelle le délaissement des dames provinciales l'avait réduit. « L'Alcibiade en rabat, a « dit un biographe de nos jours, débutait dans le « monde avec l'ardeur d'un jeune homme et l'expé-

« rience d'un vieillard ; faisant marcher du même
« pas la galanterie, le jeu, les petits soupers, la
« philosophie, les affaires et les intrigues politi-
« ques ; affilié à la secte des économistes, brillant
« parmi les héros du boudoir, prôneur des idées
« anglo-américaines ; prôné par les femmes, con-
« sulté par les financiers, mêlé à tous les tripotages
« ministériels ; joignant à tous les avantages exté-
« rieurs qui séduisent la malignité qui se fait
« craindre et le sang-froid qui se fait respecter. »
Tel fut l'abbé de Périgord dans les années qui
précédèrent la Révolution ; tels furent les éléments
d'expérience où sa vive et pénétrante sagacité puisa
la connaissance des hommes et des choses. Dans ce
pandemonium d'intrigues, de faussetés, de mesures
sans portée, d'efforts impuissants pour sauver une
monarchie qui sombrait au milieu d'un océan d'op-
pression, d'abus et d'impuretés, Charles-Maurice
apprit à dominer les individus et à diriger les événements. A travers le chaos où tourbillonnait la
société française avant de se dissoudre, le regard
d'aigle que Mirabeau devait attribuer plus tard à
l'abbé de Périgord, avait aperçu la route que les
esprits avancés se traçaient dans l'avenir : il songea
à se poser en temps opportun sur cette voie. Attentif

aux conquêtes de la philosophie, l'oreille ouverte
aux mots de liberté, d'égalité et de patrie, qui déjà
prenaient place dans le vocabulaire du peuple,
Charles-Maurice se préparait à faire au besoin bon
marché de son blason dans ses transactions avec
une fortune nouvelle. Quant à sa dignité d'abbé
commendataire, on comprendra qu'il y tenait bien
peu, si l'on apprécie la fidélité du portrait suivant,
que nous empruntons à un écrivain devant lequel
l'original a longtemps posé. « Qu'on se figure un
« homme de trente-trois ans, de la plus belle figure,
« aux yeux bleus et expressifs, au nez légèrement
« retroussé, aux narines fines et mobiles, d'une
« carnation pâle et même un peu blafarde. En étu-
« diant le jeu de sa physionomie, on voit errer sur
« ses lèvres un sourire empreint de malignité, quel-
« quefois de dédain. Soigneux de sa personne, co-
« quet dans sa toilette ecclésiastique, mais chan-
« geant souvent le costume de son ordre contre un
« habit séculier ; irréligieux comme un forban, et
« disant la messe avec une grâce onctueuse,
« l'abbé de Périgord trouve du temps pour tout ;
« il se montre encore quelquefois à la cour, mais
« plus assidûment à l'Opéra. Pour tout bréviaire,
« il lit les odes d'Horace et les mémoires du car-

« dinal de Retz, prélat dont il estime beaucoup les
« qualités. S'il rencontre Narbonne, Lauzun, Bouf-
« flers, Ségur cadet et l'évêque de Châlons dans la
« loge de mademoiselle Guimard, il ira souper avec
« eux. Ordinairement enchaîné dans son lit par la
« paresse, cela ne l'empêchera point de passer au be-
« soin une, deux, trois nuits de suite à des travaux
« sérieux. Assailli de créanciers, faisant fermer sa
« porte aux importuns, ne promettant jamais sans
« restriction, obligeant par circonstance, quelque-
« fois par égoïsme ; avide de renommée, plus avide
« encore de ce que la fortune a de réel ; aimant les
« femmes de tout son être, hormis de son cœur ;
« impassible dans les circonstances graves ; fier
« avec les grands et caressant avec les humbles ;
« interrompant un travail sur les finances pour
« répondre à un billet doux ; point vindicatif, point
« méchant, ennemi de toute mesure violente, mais
« sachant y recourir à propos.... tel était M. de
« Talleyrand en 1787. »

On voit qu'il y avait en lui très amplement de
l'étoffe pour suffire à tous les événements, à toutes
les circonstances. Il ne s'agissait que de se tracer
un plan de conduite où ces qualités pussent être
mises en œuvre utilement. Or, dès cette époque,

l'abbé de Périgord reconnut que le meilleur moyen d'être propre à tout, c'était de n'avoir un parti pris sur rien, et cette opinion fut la seule chose à laquelle il ait été fidèle. Les connaissances financières de l'abbé l'avaient fait rechercher de Necker ; à l'avénement de Calonne, il lui fit parvenir un Mémoire sur l'état des finances, sans toutefois rompre avec l'homme d'état génevois : flottant ainsi entre les deux ministres, comme il lui arrivait souvent de flotter entre deux maîtresses, en les trompant l'une et l'autre. L'abbé de Perigord avait été recommandé à Calonne par une lettre de Mirabeau qui doit trouver place dans cette histoire, ne fût-ce que pour produire une preuve de plus de ce que l'intérêt peut apporter de changement dans les opinions des hommes. Voici la lettre : « Vous m'avez « montré du regret de ce que je ne voulais pas « employer mon faible talent à rédiger vos belles « conceptions ; eh bien ! Monsieur, souffrez que je « vous indique un homme digne de cette marque « de confiance, sous tous les rapports. M. l'abbé « de Périgord joint à un talent réel et fort exercé « une circonspection profonde et une discrétion à « toute épreuve. Jamais vous ne pourrez choisir « un homme plus sûr, plus pieux au culte de la

« reconnaissance et de l'amitié, plus envieux de
« bien faire, moins avide de partager la gloire des
« autres, plus convaincu qu'elle est et doit être tout
« entière à l'homme qui sait concevoir et qui ose
« exécuter. »

Cette lettre devait être datée du milieu de l'année
1786; voilà maintenant ce que Mirabeau écrivait
un an plus tard au comte d'Entraigues, sous l'empire d'un intérêt trompé. « Ma position, assombrie
« par l'infâme conduite de l'abbé de Périgord, est
« devenue intolérable. Je vous envoie sous cachet
« volant la lettre que je lui écris; jugez-la et en-
« voyez-la lui; je le répète, envoyez-la lui; car j'aime
« à penser que cet homme vous est inconnu, et je
« suis bien sûr au moins qu'il devrait l'être à tout
« homme de votre trempe. Mais l'histoire de mes
« malheurs m'a jeté entre ses mains, et il me faut
« encore user de ménagements avec cet homme
« vil, avide, bas et intrigant... C'est de la boue
« et de l'argent qu'il lui faut : pour de l'argent il a
« vendu son honneur et son ami ; pour de l'argent,
« il vendrait son âme, et il aurait raison, car il
« troquerait son fumier contre de l'or. »

On sait que plus tard Mirabeau et l'abbé de Talleyrand se réconcilièrent jusqu'à la plus parfaite

intimité : quelle fut la moralité qui fléchit dans cette réconciliation ? nous l'ignorons, et nous sommes tenté de croire qu'une sorte de sympathie du vice réunit ces deux hommes, infiniment mieux pourvus de talents que de vertus.

Lorsque l'Assemblée des notables fut décidée, la cour chercha à s'assurer l'abbé de Périgord qui, par sa naissance, semblait devoir se ranger parmi les défenseurs de la couronne. On raconte qu'à l'une des premières réunions, le comte d'Artois s'étant approché de l'abbé, lui demanda des conseils. — Il faudrait sacrifier deux têtes, répondit le notable interpellé :... deux, pas plus... Plus tard il en faudra bien davantage. — Et lesquelles ? — La tête du duc d'Orléans et celle de Mirabeau. — Je pense comme vous ; mais jamais mon frère n'y consentira. — En êtes-vous bien sûr, mon prince. — Trop sûr. — En ce cas je passe de l'autre côté.... Et le soir de cet entretien, l'abbé de Talleyrand figurait peut-être dans une orgie à la folie de Chartres.

Les notables ne surent rien résoudre, parce qu'on ne sut rien leur proposer ; le vaisseau de l'État courait à sa perte, sans qu'aucun des hommes chargés de le diriger eût l'inspiration d'un coup de gouver-
nail qui pût faire éviter l'écueil. Il fallut convo-

quer les États-Généraux, cette ressource extrême des monarchies aux abois ; cette ancre de miséricorde qui, jetée durant la tempête, parvient rarement à sauver la chose publique. Quand les États se réunirent, l'abbé de Périgord venait d'être nommé à l'évêché d'Autun (novembre 1788). Cependant il accomplit la menace qu'il avait fait entendre au comte d'Artois : il passa de l'autre côté. Seul, parmi les évêques de France, Charles-Maurice Talleyrand de Périgord, descendant des comtes souverains de la Marche, proclama son adhésion au programme du tiers-état, formulé par Sieyès, autre transfuge des autels vers le forum. Ce fut un immense scandale pour toute la famille. Le parti de la Révolution, dès longtemps formé dans les esprits avancés, et qui allait se révéler avec tant d'éclat par la bouche de Mirabeau, salua dans l'évêque d'Autun un champion d'autant plus sûr qu'il venait de rompre plus audacieusement avec l'ordre qui avait espéré trouver en lui un défenseur.

Les prévisions du tiers-état, favorables à celui que nous ne nommerons plus que M. de Talleyrand, ne furent pas trompées : sans être orateur, ce député prépara, avec autant de zèle que de talent, une grande partie des questions vitales de la Révolution.

Il en écarta les difficultés, en fixa les doutes, en éclaircit les obscurités, d'une manière si précise, si lumineuse, que le législateur constituant trouva la route désobstruée partout où M. de Talleyrand avait passé. Plusieurs mémorialistes ont avancé, sur l'autorité de quelques préventions envenimées, que M. de Talleyrand, causeur aimable, mais esprit superficiel, n'était homme d'état qu'à fleur d'épiderme, et qu'on rencontrait en lui le tuf dès qu'il s'agissait d'approfondir un projet. Une histoire fidèle de l'Assemblée constituante démentirait complétement cette détraction : personne dans cette législature, si féconde en grandes capacités, ne contribua plus puissamment que l'évêque d'Autun à la démolition, puis à la réédification du contrat social de la France : tâche audacieuse qui ne fut point achevée, mais que les législateurs de l'époque étaient capables d'accomplir. De ce que M. de Talleyrand semblait toujours se jouer des plus graves matières, on concluerait à tort qu'il les traitait avec légèreté : son extrême facilité naissait d'une vivacité de pénétration qui, dès le premier coup-d'œil, lui présentait les choses sous le point de vue normal, et en faisait jaillir immédiatement toutes les lumières. On était tenté de nier la profondeur de ses vues, parce que le travail ne s'y faisait point remarquer; ce qui pour un autre eût été un sujet de longue étude, était pour M. de Talleyrand la conquête d'une rapide perception.

Suivons, à diverses époques, l'évêque d'Autun dans l'enceinte de l'Assemblée constituante : il demande, mais sans succès, que les représentants de la nation n'enchaînent point leur liberté en maintenant les mandats impératifs imposés par les commettants. Le projet d'arrêté qu'il propose présente ce résumé : « L'Assemblée nationale, considérant « qu'un baillage ou une partie de baillage n'a que « le droit de former la volonté générale, non de « s'y soustraire, et ne peut suspendre par des « mandats impératifs qui ne contiennent que la « volonté particulière, l'activité des États-Généraux, déclare que tous les mandats impératifs sont « radicalement nuls... » Avec plus de connaissance des assemblées parlementaires qu'il n'en avait pu recueillir d'une routine de barreau, entée sur la plus infime ignorance, un député de nos jours, devenu providentiellement premier président de cour royale, se fût reporté à ce projet d'arrêté, et n'eût pas reçu d'un parti anti-national un mandat impératif, après avoir déserté la cause populaire. Deux fois de Tal-

leyrand fait partie du comité de constitution, et s'y fait
remarquer par l'application la plus sage des grands
principes de la Révolution. Sans cesse préoccupé
du système des finances, dont il a fait depuis plusieurs années le sujet de ses études de prédilection, l'évêque d'Autun présente à l'Assemblée un
système de crédit dans lequel on puisera plus tard
l'idée d'une caisse d'amortissement. De Talleyrand et
Rœderer, chargés de proposer un nouveau mode
d'impôt, préparent le système actuel qui, dépouillé
des abus introduits par des nécessités impérieuses,
serait encore le meilleur, s'il avait le cadastre pour
base de la contribution foncière. La loi sur l'enre-
gistrement qui nous régit aujourd'hui est l'œuvre
des deux députés que nous venons de nommer : il
fallait à tout prix combler le gouffre béant de la
dette publique ; c'est l'excuse des dispositions dra-
coniennes consacrées par cette loi. Le 10 octobre
1789, de Talleyrand, qui a provoqué précédemment
la suppression de la dîme ecclésiastique, déve-
loppe, au milieu d'une tempête, la proposition de
déclarer les biens de l'Église propriétés nationales.
« Il est une ressource immense, s'écrie l'évêque
« d'Autun, qui peut s'allier avec le respect des
« propriétés : elle existe dans les biens du clergé.

« Une grande opération sur eux est inévitable, ne
« fût-ce que pour remplacer les dîmes qui sont de-
« venu s le patrimoine de l'État. Il ne s'agit pas
« d'imposer à cet ordre une charge nouvelle; nulle
« charge publique n'est un sacrifice. Le clergé n'est
« pas propriétaire à l'instar des autres proprié-
« taires. La nation, jouissant d'un droit très étendu
« sur tout le corps social, en exerce un très réel
« sur le clergé : elle peut détruire les agrégations
« de cet ordre qui pourraient paraître inutiles à
« la société, et nécessairement leurs biens devien-
« draient le juste partage de la nation. Elle peut
« de même anéantir les bénéfices, prendre les biens
« de cette nature qui sont vacants, et ceux qui va-
« queront par la suite. Nulle difficulté à cet égard ;
« mais peut-elle réduire le revenu des bénéficiaires
« vivants?... Si la nation assure la subsistance des
« bénéficiaîres, leur propriété n'est point attaquée;
« si elle prend le reste à sa charge, si elle ne puise
« dans cette source abondante que pour soulager
« l'État dans sa détresse, l'intention du fondateur
« est remplie; la justice n'est pas violée.

« La nation peut donc, premièrement, s'appro-
« prier les biens des communautés religieuses à
« supprimer, en assurant la subsistance des indivi-

« dus qui la composent; secondement, s'emparer
« des bénéfices sans fonctions; troisièmement, ré-
« duire dans une proportion quelconque les revenus
« actuels des titulaires, en se chargeant des obli-
« gations dont ces biens ont été frappés dans le
« principe.

« La nation deviendra propriétaire de la tota-
« lité des biens fonds du clergé et des dîmes
« dont cet ordre a fait le sacrifice; elle assu-
« rera au clergé les deux tiers des revenus de ces
« biens; le produit de ces fonds monte à 70 mil-
« lions au moins, celui des dîmes à 80, ce qui
« fait 150 millions, pour les deux tiers 100 mil-
« lions, qui seront assurés au clergé pour privi-
« lége spécial; chaque trimestre sera payé d'a-
« vance, au lieu de son domicile, et la nation se
« chargera de toutes les dettes de l'ordre. »

On conçoit la fureur du clergé : par cette mesure
disparaît l'inique privilége des biens de main-morte;
l'Église devient une dépendance de l'État, et ses des-
servants rentrent dans la classe des citoyens. Mais
l'évêque d'Autun, toujours en recherche des moyens
de combler le déficit des finances, verse deux mil-
liards dans le trésor public, si le gouvernement sait
tirer parti de cette grande réforme... Malheureu-

sement elle fut mal appliquée : l'abus des assignats, contre lequel les désastres du système de Law eussent dû prémunir les législateurs, ne fit que rendre la banqueroute plus odieuse en la retardant.

Plus heureux dans l'organisation d'un plan d'instruction publique, qu'il présenta plus tard, l'évêque d'Autun sut envisager la question avec tant de soin, dans tous ses détails et à tous les degrés de l'éducation, qu'aujourd'hui encore et après tant de modifications diverses, on retrouve dans ce système la base posée par l'Assemblée constituante. Portant enfin le flambeau d'une philosophie humanitaire sur les Juifs, cette classe dont on avait armé, à force d'iniquités, les ressentiments contre la société qui les repoussait, de Talleyrand obtint pour eux des droits politiques, et fit des citoyens de ces religionnaires, dans lesquels on reconnaissait à peine des hommes.

A peu près dans le même temps, M. de Talleyrand aborda la question si longtemps débattue de l'uniformité des poids et mesures, par la division d'un degré du méridien. Durant l'étude de cette disposition, une vaste idée luit à sa pensée : il vit s'établir entre les nations une sorte de langage mathématique, qui pouvait, à son avis, devenir la base d'une communauté d'intérêts politiques. En cela l'évêque d'Autun se trompa : l'unité des poids et mesures est de nos jours européenne, et jamais les nations ne furent plus divisées.

Ce qui justifie d'une manière irréfragable la réputation de haute capacité que Talleyrand s'était acquise à l'Assemblée constituante, c'est que cette Assemblée, où fleurissaient tant d'esprits supérieurs, tant de puissantes intelligences, le chargea de rédiger une adresse à la nation, dans laquelle elle rendait compte de sa gestion jusqu'au mois de février 1790. Ce travail, que l'évêque d'Autun lut deux fois en séance publique, fut couvert d'unanimes acclamations justement acquises. Un jeune biographe dont nous estimons l'impartialité, résume ainsi l'éloge de l'adresse que nous rappelons : « Ce discours, qui
« renferme en vingt pages le résumé de tous les
« travaux de la Constituante, est un vrai chef-
« d'œuvre de style parlementaire. On ne saurait
« revêtir d'un langage plus noble et plus harmo-
« nieux des idées plus généreuses. Par la forme
« et le fond, c'est bien là l'expression la plus com-
« plète de cette ferveur du bien public, de cet op-
« timisme indéfini, de cette confiance illimitée dans
« les forces de l'intelligence et dans les bons instincts

« de la nature humaine, qui présidaient à toutes les
« opérations de la Constituante, et lui firent sou-
« vent rencontrer le mal dans la poursuite irréflé-
« chie et impétueuse du bien. »

Comme gentilhomme et comme prêtre, M. de
Talleyrand devait encourir et encourut l'animad-
version du clergé et de la noblesse; dans sa propre
famille, on ne vit plus en lui qu'un ennemi. Ses
deux frères, Archambault et Boson, partisans fidèles
de la cour, cessèrent de le voir. Le comte de Périgord, vieux seigneur que Néricault eût pris pour
modèle du *Glorieux*, s'il eût vécu de son temps, le
comte de Périgord et l'archevêque de Reims, son
frère, vouèrent à l'évêque d'Autun toute la haine
que la Révolution leur inspirait. La mère de M. de
Talleyrand, elle-même, cessa bientôt de recevoir son
fils. Ces disgraces de famille eurent une éclatante
compensation au mois de février 1790 : l'évêque
d'Autun fut élu président de l'Assemblée nationale,
ayant obtenu 373 suffrages sur 603 votants.

Il est un peu tard, mais il n'est pas hors de propos de dire que l'évêque d'Autun fut l'un des fondateurs du club des *Amis de la Constitution*, établi
à Versailles au mois d'octobre 1789, et qui compta
parmi ses principaux membres Lafayette, Mira-

beau, les deux Lameth, Barnave, Sieyès, Bailly. Mais bientôt Alexandre de Lameth et Barnave étant devenus les coryphées de cette réunion, Mirabeau, Lafayette et de Talleyrand, ne voulant point compromettre leur suprématie parlementaire sur le théâtre rétréci d'un club, n'y firent plus que de rares apparitions. Ils se félicitèrent de s'en être à peu près éloignés, lorsque cette société devint un centre de démagogie, sous le nom de *Club des Jacobins*. Avant cette époque, Barnave lui-même abjura la puissance qu'il s'était faite au club des Amis de la Constitution, et, d'accord avec l'évêque d'Autun, fonda le club des Feuillants. L'un et l'autre furent transportés à Paris, en même temps que la cour et la représentation nationale. L'imitation fut, de tout temps, un travers essentiellement français : bientôt des sociétés populaires surgirent sur tous les points de la France : on en comptait deux mille en 1790; il y en eut jusqu'à quarante-quatre mille trois ans plus tard.

Tout ce que nous avons rapporté jusqu'ici du concours de l'évêque d'Autun aux dispositions fondamentales de l'Assemblée constituante, prouve évidemment qu'habile à prévenir la marche de la Révolution, il comprenait qu'il n'avait plus rien à

attendre de l'ancien régime, et pouvait rompre sans ménagement avec lui. Mais, engagé dans la grande route de la réforme, il ne s'était pas encore tracé de sentier particulier où il pût cheminer seul : pour nous exprimer sans figure, Charles-Maurice de Talleyrand n'entrevoyait pas encore quelle direction il assignerait à son intérêt personnel. Le futur grand diplomate se faisait patriote généreux, en attendant qu'une occasion favorable lui fournît le moyen de devenir égoïste avec habileté. Le jeune biographe que nous avons déjà cité, quelque peu optimiste en faveur de M. de Talleyrand, partage cependant l'opinion que nous venons d'émettre :
« En se jetant avec ce mélange d'énergie et de
« modération dans les idées de la Révolution, dit
« cet écrivain, l'évêque d'Autun avait un but d'am-
« bition, sans doute ; quel homme politique sépare
« son ambition de ses opinions ? mais enfin il ris-
« quait beaucoup, et risquait de deux côtés. »

Nous ne croyons pas à ces dangers, auxquels l'évêque d'Autun ne croyait pas davantage. Assurément le clergé et la noblesse devaient lui garder une terrible rancune ; mais craignit-on jamais la rage des vaincus ? Quant aux tendances anarchiques qui pouvaient naître du sentiment exalté de la liberté, et entraîner dans leur débordement tout ce qui s'y opposerait, au nom de la sagesse et de la raison, M. de Talleyrand avait dès lors adopté la devise du roseau : *Je plie et ne romps pas*; et si contre toute attente, les classes privilégiées reprenaient un jour leur empire, la devise pourrait encore recevoir son application : il s'agirait seulement de plier d'un autre côté.

Au mois de juin 1790, Bailly proposa à l'Assemblée nationale de célébrer dans une imposante solennité le pacte fédératif qui unissait toutes les parties de la France. Ce pacte était un bienfait : il faisait disparaître, avec l'ancienne division territoriales, cette bigarrure de coutumes locales qui rendait en quelque sorte les provinces étrangères les unes aux autres, et perpétuait sur certains points des inimitiés d'origine féodale. L'égalité des droits consacrée par la division départementale, dont une centralisation trop absolue diminua beaucoup le mérite, entraîna cependant de graves inconvénients; mais l'expérience ne s'acquiert pas en courant, et beaucoup d'institutions rappellent encore chaque jour la course de l'Assemblée constituante. L'évêque d'Autun, chargé par le comité de constitution de faire un rapport sur la solennité nationale pro-

posée par Bailly, s'exprima en ces termes : « Le
« comité a pensé qu'une telle fête, en réveillant des
« souvenirs glorieux, en resserrant les liens de la
« fraternité entre les citoyens, en rendant sensible
« à tous les yeux le patriotisme qui anime tous les
« Français, achèvera de persuader aux ennemis de
« la Révolution, s'il en existe encore, combien se-
« raient vains les efforts qu'ils pourraient faire pour
« la détruire. » M. de Talleyrand, après ce préambule, qui fut vivement applaudi, présenta le décret,
que l'Assemblée adopta avec de légères modifications.

Principal promoteur de la fédération du 14 juillet, Charles-Maurice de Talleyrand devait en être
le consécrateur religieux. Louis XVI, qui n'avait
pas vu sans un amer dépit le descendant d'une des
premières familles de France passer dans le camp
de la Révolution, se complut peut-être dans l'idée
de dramatiser avec quelque ridicule la dignité épiscopale du noble transfuge. Quoi qu'il en soit, ce fut
l'évêque d'Autun que le roi désigna pour officier
pontificalement sur l'autel de la patrie, c'est-à-dire
à soixante pieds environ au-dessus de la foule,
dont le prélat, dévotieusement révolutionnaire, deviendrait ainsi le point de mire.

Nous passons les apprêts de cette fête, qu'on ne vit qu'une fois empreinte du véritable caractère national, parce que l'enthousiasme universel, qui en fut l'âme, n'eut que la durée éphémère d'un transport : éclair brillant qui n'éclipsa qu'un moment les mille passions diverses dont s'alimente la vie sociale. Voici l'évêque d'Autun, s'élevant en costume sacerdotal diapré de rubans tricolores, au-dessus de trois cent mille têtes ; il monte les degrés de l'autel de la patrie, au milieu de soixante prêtres, dont les blanches aubes tranchent sur une décoration de feuillage, agencée avec goût, et à travers laquelle scintillent les ornements du culte catholique. Tout cela ne manque ni d'éclat ni de splendeur ; mais c'est une splendeur d'opéra, rappelant les rites du paganisme, et que l'on a peine à prendre au sérieux. Aussi l'évêque officiant, qui vient d'apercevoir Lafayette près de lui, se penche-t-il à son oreille pour lui dire : « Oh ! ça, je vous en prie, ne me faites « pas rire. » Ces quelques mots révèlent, avec une absence absolue de conviction, les opinions politiques et religieuses de Charles-Maurice de Talleyrand.

Cependant, une salve d'artillerie et le roulement de mille tambours annoncent le commencement de l'office : l'évêque d'Autun célèbre la messe ; puis il procède à la bénédiction des drapeaux. L'oriflamme, dont le souvenir était presque perdu parmi les vieilles traditions de la monarchie, reparaît, poudreuse et pâlie, pour recevoir la consécration d'une révolution ; puis les quatre-vingt-trois bannières départementales sont bénies ; enfin la cérémonie se termine par la bénédiction des drapeaux de la garde nationale parisienne... C'est alors que Lafayette, commandant en chef de la milice bourgeoise, et plus souverain à Paris que le monarque lui-même, prononce le serment de fidélité au roi et à la constitution, en appuyant la pointe de son épée sur l'autel de la patrie. Dans ce même instant Louis XVI et le président de l'Assemblée nationale échangent leurs serments, au bruit d'une nouvelle salve d'artillerie; tandis que soixante mille mains, élevées dans le Champ-de-Mars, proclament l'union des fédérés à cette promesse réciproque de dévouement fidèle.

Malgré la spontanéité presque délirante de cet élan, la sincérité n'existait guère que dans les masses et chez quelques hommes trop candides, quoique doués d'une certaine somme de connaissances, pour apercevoir les déceptions à travers le mirage flatteur du moment. L'évêque d'Autun voyait plus loin, et le lendemain de la fédération il écrivait à

son amie madame de F... : « Si vous avez été aussi
« contente de votre place à la fête *ridicule d'hier*,
« que je l'ai été de vous y voir et de vous admi-
« rer où vous étiez assise (touchante préoccupation
« du prêtre officiant), vous devez avoir supporté l'o-
« rage et la pluie avec la même philosophie que votre
« ami. Le duc d'Orléans m'a forcé de venir passer
« la soirée chez lui, sans cela j'aurais été vous voir
« hier au soir pour soulager mon cœur de tous les
« ennuis de la journée, et vous parler des choses
« qui ont produit des impressions si diverses et si
« opposées. Pour moi, je ne sais, entre nous, le-
« quel il faut plaindre le plus, du souverain ou du
« peuple, de la France ou de l'Europe. Si le prince
« s'en repose sur l'affection du peuple, il est per-
« du ; et si de son côté le peuple ne se tient pas
« en garde contre le caractère du prince, je vois
« d'épouvantables malheurs : je vois couler des flots
« de sang pendant des années pour effacer l'en-
« thousiasme de quelques mois. Je vois l'inno-
« cent enveloppé dans la même destruction que le
« coupable. Quoi qu'il arrive, ou la cause de la li-
« berté est menacée, ou la tranquillité de la France
« est compromise. »

Tel était pourtant le fond de scepticisme chagrin

sur lequel l'évêque d'Autun brodait à la tribune les consolantes promesses de l'avenir : l'optimisme s'exprimait par sa bouche; le désenchantement était dans sa pensée. Au surplus, le caractère de M. de Talleyrand commençait à se révéler aux esprits attentifs : on voyait déjà que cet homme n'avait confiance en rien, mais que sa vie se passerait à laisser croire qu'il croyait. Nous ne pouvons donc reconnaître que le héros de cette histoire ait eu foi dans la Révolution; il n'avait foi qu'en une seule chose, sa fortune, merveilleusement servie par son habileté : c'était l'unique religion qu'il professât. S'il parut suivre sans déviation la ligne révolutionnaire jusqu'au 10 août, c'est que jusqu'alors, il la crut exploitable au point de vue de son intérêt; et lorsqu'il commença à s'effrayer des excès que l'on commettait au nom de la liberté, il ne brisa point les liens qui l'attachaient à la Révolution; il se borna à les desserrer.

L'évêque d'Autun ne prit d'abord aucune part à la discussion relative à la constitution civile du clergé; mais lorsqu'elle fut décrétée (27 novembre 1790), le premier, parmi les membres de l'ordre, il s'y soumit, en prêtant le serment exigé par le nouveau décret. Ce fut alors que ce prélat écrivit aux prêtres de son diocèse la lettre, plus politique que pastorale, que nous empruntons aux Mémoires d'un homme bien informé, qui fut notre collègue dans la carrière diplomatique. Nous avons conservé même les parenthèses ouvertes par l'auteur : elles ont leur valeur critique appréciable.

M. de Talleyrand écrivait : « L'Assemblée na-
« tionale ayant jugé nécessaire d'imposer aux fonc-
« tionnaires ecclésiastiques le serment de maintenir
« de tout leur pouvoir la constitution civile du
« clergé, j'ai prêté ce serment aussitôt que le dé-
« cret qui l'ordonne a été accepté par le roi ; et je
« m'empresse de vous l'apprendre. Ce devoir que
« j'ai rempli dans toute la sincérité de mon âme » (il y a toujours le mot pour rire dans ce que dit ou écrit M. de Talleyrand), « vous le remplirez sûrement
« aussi dans les mêmes sentiments qui m'ont animé.
« Non seulement vous verrez qu'il importe essen-
« tiellement au maintien, ou plutôt au retour de
« cette paix si désirable, dont nous ne devons ja-
« mais perdre de vue que nous sommes les minis-
« tres ; mais vous verrez aussi qu'il ne renferme
« rien qui doive alarmer la conscience la plus crain-
« tive » (madame de Staël comparait celle de M. de Talleyrand à la sensitive, qui se replie sur elle-

même dès qu'on veut y toucher), « vous verrez
« que les décrets qui règlent cette constitution ont
« séparé, avec un soin religieux, ce qui appartient
« au dogme de ce qui lui est absolument étranger;
« qu'ils ne sont, presque sur tous les points, qu'un
« retour respectable aux lois les plus pures de l'É-
« glise, que le temps ou les passions humaines
« avaient étrangement altérées; qu'ils ont rendu,
« plutôt que donné, au peuple le droit si naturel
« de désigner des pasteurs, et qu'en réduisant le
« nombre des évêques par une nouvelle circon-
« scription territoriale, ils n'offrent à l'esprit que
« l'exercice le plus légitime, le plus incontestable
« du pouvoir civil de toutes les nations. » S'il
nous est permis de nous servir d'une expression
peu grave en parlant d'un personnage qui se piquait rarement de gravité, nous dirons que M. de
Talleyrand, grand maître dans l'art de dorer la pilule, avait surdoré avec une adresse extrême celle
adressée à son clergé; néanmoins elle fut repoussée.

M. de Talleyrand ne devint pas étranger aux matières religieuses dans le sein de l'Assemblée : il
continua d'assurer l'exécution de la Constitution
civile du clergé par tous les moyens que put lui

suggérer sa féconde imagination. Cette tâche était dé-licate, hérissée de difficultés, entravée par une my-
riade de scrupules; la victoire demeura incomplète,
comme chacun sait, et la suite de ce demi-échec de
la politique aux portes du Temple devint sanglante... La Vendée fut une terrible protestation
contre la Constitution civile du clergé. Durant ces
débats mi-politiques, mi-religieux, M. de Talleyrand écrivait à madame de F..... « Des affaires im-
« portantes, des tracasseries de créanciers me
« privent de passer le jour des Rois avec vous
« (6 janvier 1791), comme je vous l'avais promis.
« Pauvres rois! je crois que leur fête et leur
« règne seront bientôt passés. Mirabeau lui-même
« craint que nous ne marchions trop vite et à trop
« grands pas vers une république... Quelle répu-
« blique que celle qui se composerait de trente
« millions d'âmes corrompues! Pour moi, j'ai
« grand'peur qu'avant d'en arriver là les fanati-
« ques n'allument leurs torches, et que les anar-
« chistes ne dressent leurs potences... Et qui sait
« combien il y en aura parmi nous qui échappe-
« ront, soit aux bûchers religieux, soit aux lan-
« ternes politiques! Il faut toutefois que j'arrange
« mes affaires d'une telle manière, qu'en cas de

« naufrage, je ne me trouve pas sans ressources sur
« la côte où ma destinée m'aura fait échouer. *J'es-*
« *père recevoir demain une somme considérable*
« *que le duc me doit...* cette somme, jointe à ce
« que je possède déjà en assignats, *nous* mettrait à
« même de vivre dans une contrée éloignée, si les
« circonstances venaient à l'exiger. » Et faisant
allusion au refus de serment que les évêques membres de l'Assemblée nationale avaient proclamé avec
faste, M. de Tailleyrand continuait : « Les hypo-
« crites ! ils ont vraiment fait un beau chef-d'œuvre!
« Vous aurez sans doute remarqué combien leurs
« discours étaient étudiés, leur résignation affec-
« tée... J'avais bien envie de leur arracher leur
« masque. Ils savaient bien qu'ils ne couraient pas
« grand risque en échangeant leur mitre épisco-
« pale contre une prétendue couronne de martyre ;
« sans cela les poltrons ne se seraient pas montrés
« si vaillants. Ma chère amie, je suis vraiment indi-
« gné quand je pense à la facilité avec laquelle on
« peut faire des dupes dans ce monde. » M. de
Talleyrand s'est bien habitué à cette idée, et l'on
sait jusqu'à quel point elle l'a trouvé indulgent.

« Je voudrais bien, » poursuit le correspondant
de madame de F... « je voudrais bien que nos hypo-

« crites jouassent leurs comédies à Rome et non
« pas à Paris, où leurs momeries apostoliques ne
« sont plus de saison. Leur martyre peut marcher
« de pair avec leur orthodoxie; tout cela est passé
« de mode; et, pourtant, nous avons encore quel-
« ques bonnes gens, bien chrétiens, assez ignorants
« pour croire comme croyaient leurs grands-pères..
« Quoique toutes ces ridicules affaires m'aient causé
« beaucoup d'embarras, au bout du compte, je
« n'ai point à m'en plaindre; elles m'ont même été
« plus profitables que je ne l'espérais. »

A ce mélange de demi-athéisme, de morale facile, de probité suspecte, on prévoit tout ce qu'on
peut attendre de M. de Talleyrand, s'il parvient à
se placer haut dans les affaires publiques.

Malgré son échec auprès du clergé d'Autun, le
prélat constitutionnel de ce siége, religieux comme
nous venons de le voir, n'en persista pas moins
dans ses fonctions épiscopales. Le curé Expilly,
nommé évêque du Finistère, et qui n'avait pu
se faire sacrer par l'évêque de Rennes, s'adressa à
M. de Talleyrand. Celui-ci, conséquent avec les
opinions qu'il avait proclamées, se mit en devoir
d'investir spirituellement son collègue, malgré la
protestation du chapitre de Quimper. Selon les

vieux canons de l'Église, il fallait, pour sacrer un évêque, une commission du pape; constitutionnellement, le consécrateur s'en passa, et tandis qu'il y était, M. de Talleyrand sacra M. de Marcelles, évêque de Laon. Cette cérémonie eut lieu au printemps de 1791, dans l'église de l'Oratoire, à Paris.

M. de Talleyrand n'avait pas voulu s'arrêter dans la voie qu'il avait suivie, comme principal promoteur de la Constitution civile du clergé; mais il ne se dissimulait pas qu'il allait avoir maille à partir avec le Saint-Siége; il n'attendit pas l'événement, et peu de temps après son acte d'insubordination à la suprématie apostolique, il se démit de ses fonctions d'évêque, au moment même où l'archevêché de Paris lui était offert.

Les présomptions de l'ex-prélat étaient fondées : le lendemain du jour où il avait déposé la mître, arriva à Paris un bref du Saint-Père dans lequel il était dit : « L'évêque d'Autun est suspendu de « toutes ses fonctions et excommunié après quarante « jours, s'il ne revient pas à résipiscence. » On raconte qu'à l'expiration du quarantième jour, M. de Talleyrand écrivit à madame de F... « Ma « chère amie, c'est aujourd'hui que la bulle du Pape « me voue à l'esprit des ténèbres; j'irai souper ce

« soir avec vous; le diable, en me voyant dans la
« compagnie d'un ange, n'osera pas m'emporter,
« quand même j'aiderais un peu à ma damnation...
« Bonjour, brûlez ce billet. »

En même temps l'excommunié écrivait à M. de
Biron, le Lauzun des dernières années de la cour
de Versailles. « Vous savez la nouvelle; venez de-
« main me consoler et souper avec moi. Tout le
« monde va me refuser le feu et l'eau, ainsi nous
« n'aurons que des viandes glacées, et nous ne boi-
« rons que du vin. »

Pour suivre jusqu'à leur terme les événements
qui amenèrent la sécularisation de fait de l'évêque
d'Autun, nous avons passé sous silence quelques
détails importants auxquels nous devons revenir.
M. de Talleyrand avait à peine déposé ses insignes
sacerdotaux, qu'il dut ceindre l'écharpe du magistrat civil : les électeurs de Paris venaient de le
nommer administrateur du département. C'est
pour nous un devoir de dire qu'à ce poste il déploya des connaissances aussi lumineuses qu'utiles,
et contribua puissamment, durant sa courte gestion, à prévenir les excès vers lesquels on entraî-
nait dès lors la Révolution.

M. de Talleyrand, dont Mirabeau avait eu à se

plaindre, comme nous l'avons rapporté, avait re-
conquis sinon son estime et son amitié, du moins
cette hypocrisie de relations qui simule l'une et
l'autre. Ces deux hommes devaient se craindre mu-
tuellement, c'était une raison suffisante pour se rapprocher, ne fût-ce qu'afin de s'observer mieux.
Mirabeau et Talleyrand vivaient donc dans cette
intimité sophistique, lorsque le premier, à la suite
d'une orgie chez mademoiselle Guimard, suivant
la version la plus accréditée, tomba sérieusement
malade, par le développement instantané des principes morbides qui couvaient depuis longtemps en
lui. Les circontances qui marquèrent les derniers
instants du grand orateur n'appartiennent pas à
cette histoire; nous y relaterons seulement ce qui
doit se rattacher à celle de M. de Talleyrand. Dans
la matinée du 1er avril 1791, *cet ami* de Mirabeau
fut appelé par lui; son agonie était commencée et
hâtée, dit-on, par un poison qu'il avait obtenu de
l'amitié du médecin-philosophe Cabanis, pour abré-
ger d'atroces souffrances. Les ombres de la mort
environnaient déjà cette physionomie si puissante
d'expression, si lumineuse de regard, qui tant de
fois à la tribune avait complété l'effet foudroyant
des harangues de Mirabeau. Mais son âme pr ies-

tait contre l'atonie du corps, et les derniers feux de l'ambition oratoire l'échauffaient encore.

« Mon ami, dit l'aigle de la Constituante à M. de Talleyrand, j'avais composé un travail de quelque importance sur les successions directes, dont l'Assemblée s'occupe en ce moment. On ne m'accusera pas au moins d'avoir voulu influencer les délibérations sur cette matière au profit des miens : ils sont dispensés de tout embarras à cet égard, ajouta le grand orateur avec un faible sourire. Mais il y a là, je crois, d'assez bonnes vues; chargez-vous de lire mon discours, personne mieux que vous n'en ferait ressortir les points essentiels, et j'emporte la flatteuse espérance que j'aurai fait quelque chose d'utile à ma patrie au moment où la pierre du tombeau retombera sur ma dépouille mortelle. Mon ami, ajouta le mourant, dont la voix redevint pour quelques secondes ferme et pleine, j'emporte la monarchie avec moi : des factieux en partageront les débris; toi, tu as trop d'esprit pour ne pas en avoir ta part. Conseil ou prévision, ce peu de mots fut, comme on le sait, mis largement à profit. M. de Talleyrand eut sa part, non-seulement des débris d'une monarchie, mais des vestiges de plusieurs.

L'ex-évêque d'Autun promit de lire à l'Assemblée nationale le discours de Mirabeau, et accomplit sa promesse. Ce fut pour lui l'occasion de rendre un dernier hommage à la mémoire de l'homme dans lequel le peuple avait paru se personnifier un moment, et qui, peut-être, eût mérité aux yeux du monde d'être le symbole vivant de cette grande puissance, si l'immense crédit qu'il avait acquis par son génie ne se fût pas noyé dans sa plus immense immoralité.

Nous avons dit que M. de Talleyrand, rentré dans la vie civile, avait été appelé à faire partie de l'administration du département; au mois d'avril 1791, M. de Larochefoucauld-Liancourt présidait cette administration. Le 18, elle décida qu'une adresse serait présentée au roi, à propos d'un mouvement qui avait éclaté dans Paris; M. de Talleyrand fut chargé de la rédaction de cet écrit, que nous croyons devoir citer. Il sera compté au nombre des bonnes inspirations de son auteur; car il était conçu dans l'intérêt du monarque et dans celui de la nation, le voici :

SIRE,

« Le directoire du département de Paris a rendu
« compte, à une assemblée extraordinaire de tous
« les membres du département, de l'état actuel de
« la capitale. Le département n'en a point été
« effrayé, parce qu'il connaît l'attachement du
« peuple à la personne du roi, et qu'il sait que le
« roi a juré fidélité à la Constitution. Mais, Sire,
« la confiance que le peuple a dans votre per-
« sonne, peut-elle résister longtemps aux impres-
« sions que des hommes pressés de jouir de la
« liberté reçoivent de tout ce qui est auprès de
« vous.

« Les ennemis de la liberté ont craint votre pa-
« triotisme et ils se sont dit : Nous alarmerons sa
« conscience. Cachant sous un voile saint leur or-
« gueil humilié, ils versent sur la religion des lar-
« mes hypocrites ; ce sont là, Sire, les hommes
« dont vous êtes entourés. On voit avec peine que
« vous favorisez les réfractaires, que vous n'êtes
« servi presque que par des ennemis de la Consti-
« tution, et l'on craint que ces préférences trop ma-

« nifestes n'indiquent les véritables dispositions de
« votre cœur.

« Sire, les circonstances sont fortes ; une fausse
« politique doit répugner à votre caractère et ne
« serait bonne à rien. Par une démarche franche,
« éloignez de vous les ennemis de la Constitution,
« annoncez aux nations étrangères qu'il s'est fait
« une glorieuse révolution en France ; que vous
« l'avez adoptée ; que vous êtes maintenant le roi
« d'un peuple libre, et chargez de cette instruc-
« tion d'un nouveau genre *des ministres qui ne*
« *soient pas indignes d'une si auguste fonction.*
« *Que la nation apprenne que son roi s'est choisi,*
« *pour environner sa personne, les plus fermes ap-*
« *puis de la liberté*, car aujourd'hui il n'est pas
« d'autres vrais amis du roi.

« Sire, ne repoussez pas la démarche que fait
« auprès de vous le département de Paris ; le con-
« seil qu'il vous offre vous serait donné par les
« quatre-vingt-trois départements du royaume, si
« tous étaient à portée de se faire entendre aussi
« promptement que nous. »

Nous avons dit que cette adresse doit être comptée
parmi les bonnes inspirations de M. de Talleyrand,
et c'est une vérité incontestable, car elle contenait

les seuls conseils qu'on pût donner au roi pour le sauver des périls qui le menaçaient. Si maintenant on cherche à déterminer le degré de franchise apporté dans cette rédaction, il faudra, tout en reconnaissant qu'elle était sincère, admettre une légère restriction à l'éloge qu'elle mérite. M. de Talleyrand avait trop peu voilé sa pensée, en dépit de son fameux axiome, pour qu'on n'eût pas reconnu dans l'adresse l'offre de ses services ; il s'éait posé assez clairement *comme l'un des plus fermes appuis de la liberté dont le roi devait s'environner :* on ne pouvait s'y méprendre. Peut-être eût-il été à désirer pour Louis XVI qu'il admît dans son conseil l'homme des temps modernes le plus habile à louvoyer entre des écueils; le plus grand metteur en œuvre de faux-fuyants qui se soit jamais produit dans la carrière politique. Le prince y eût au moins gagné d'être guidé par l'adresse, et qui sait si l'adresse, au défaut de la sincérité, n'eût pas sauvé le monarque et la monarchie.

On sait que, dans le plan de conduite que Mirabeau avait tracé à Louis XVI pour se replacer à la tête de la Révolution, il était établi que ce souverain se retirerait dans une place forte, à Montmédy, peut-être, et sous la protection d'une armée, dont le grand orateur promettait à tort la fidélité au monarque. Il est bien constaté que Louis XVI n'avait accueilli ce projet que comme moyen de favoriser sa fuite, et que son voyage ne devait pas se borner à la frontière. Or, on assurait, en avril 1791, que M. de Talleyrand, continuateur des conseils de Mirabeau, l'était au même titre, c'est-à-dire en vertu d'un énorme subside versé dans ses mains. A l'appui des conjectures formées à ce sujet, et qui reporteraient aux premières années de la Révolution le rôle en partie double et quelquefois triple que cet homme d'État devait jouer durant toute sa carrière, le bruit courut qu'une somme de quatre-vingt mille livres venait d'être volée chez lui. Si le vol était réel, il devenait presque évident que la transaction de l'ex-prélat avec la cour n'avait pas moins de réalité : autrement quatre-vingt mille livres, séjournant, même quelques jours, chez l'un des joueurs les plus intrépides, chez l'un des hommes les plus endettés de France, eût été une circonstance presque phénoménale. Quoi qu'il en soit, le bruit prit assez de consistance pour obliger Charles-Maurice à le démentir par la voie des journaux.

« Ce fait, disait-il, n'a pas le plus léger fondement ;

« je ne suis *malheureusement* que trop à l'abri
« d'un pareil événement; aussi n'y puis-je voir
« qu'une nouvelle intention de répandre sur moi
« la calomnie et la méchanceté. » Cette dénéga-
tion pouvait être fondée; néanmoins, elle rencontra beaucoup d'incrédules. Parmi les personnes
qu'elle convainquit, une pensée non moins critique
se propagea : « M. de Talleyrand, insinuait-on,
public à dessein la situation *malheureuse* de ses
finances : c'est un avis donné à quiconque voudra
l'acheter. » Ceci pouvait être une grande noirceur.

Au moment où l'Assemblée constituante se séparait, M. de Talleyrand, défenseur intrépide de la
constitution civile du clergé, qui dépossédait cet
ordre, sollicita vivement auprès du roi le paiement
des pensions que l'on refusait aux prêtres inser-
mentés.

« Ces pensions, » dit-il au monarque, étonné
de cette démarche, « ces pensions ont été mises
« par la Constitution au rang des dettes nationales,
« et rien n'en peut priver les titulaires sans porter
« atteinte à la Constitution. Le refus de serment
« ne peut empêcher l'exercice des droits de ces
« ecclésiastiques. »

Il serait assez logique de reconnaître dans ce raisonnement un principe de la plus rigoureuse équité, et si l'on considère la question sous ce point de vue, on ne doit à M. de Talleyrand que des éloges. Mais pour nous autres mercenaires diplomates, qui l'avons si bien connu, cette même question présente une autre face : qu'avait voulu l'évêque d'Autun en se faisant le champion de la constitution civile du clergé? Il avait voulu triompher des évêques qui, presque tous, avaient prétendu faire de l'héroïsme religieux, et condamner sa conduite à lui, qui passait, mître en tête, crosse en main, dans le camp constitutionnel. La victoire du prélat réformiste étant assurée, il faisait comprendre aux humbles prêtres que sa sollicitude ne leur ferait pas défaut, et que sa bonté, toujours apostolique, s'étendait sur eux, tandis que les superbes du sacerdoce les abandonnaient, après leur avoir enlevé la protection de l'État. M. de Talleyrand se montra à toutes les époques le soigneux conservateur de cette tactique des grands seigneurs d'autrefois, qui consistait à se montrer fier avec les hommes dont la position sociale approchait de la leur, et bienveillants, affables envers ceux qu'ils appelaient les *petites gens*. Au surplus, M. de Talleyrand si souple, si obséquieux, et disons le mot propre, si humblement servile auprès des puissances, ne cessa jamais d'être un grand seigneur dans le cercle de ses relations domestiques, ou parmi ses subordonnés.

II

L'Assemblée constituante, en se séparant le 1ᵉʳ octobre 1791, laissa le trône ébranlé par elle-même jusque dans ses fondements; le pouvoir souverain, malgré l'autorité de cette constitution qui l'avait maintenu, n'était plus qu'un vain mot, et le roi qu'un captif couronné. Cet abaissement déplorable d'une monarchie si longtemps glorieuse n'eût point été le résultat nécessaire de la Révolution, si Louis XVI, mieux inspiré de la grandeur de ses ancêtres (ce qui ne demandait que l'emploi des facultés morales qu'il possédait), se fût soustrait aux conseillers caducs qui l'entouraient, et jeté dans les bras puissants des hommes nouveaux qui pouvaient et voulaient le sauver. Malheureusement, les hommes sortis des rangs de la haute noblesse pour se placer en tête de la démocratie, ces hommes, que leur position sociale appelait naturellement à servir d'arbitres entre le peuple et le souverain, ces hommes, toujours attachés à Louis XVI, quoique convaincus de la nécessité d'une réforme, furent pris en haine par le malheureux roi, comme des sujets rebelles et félons. Au premier rang de cette noblesse figurait M. de Talleyrand, M. de Talleyrand, dont Louis ne devait ignorer ni l'habileté ni le désir d'aider la monarchie... on sait à quel prix. Personne ne pouvait mieux que lui opérer une transaction entre l'ancien régime et la Révolution : il était initié aux secrets de la cour, aux menées des clubs, aux projets d'un parti républicain sorti tout formé du germe de la première insurrection. Ajoutons que le descendant des Périgord était monarchiste avant tout, peut-être, et que ce fut plus tard à titre de pis-aller qu'il réfugia son ambition dans le régime républicain. Le héros de cette histoire voyait donc avec un extrême déplaisir que Louis XVI n'eût pas soulevé le voile léger qui dérobait ses offres de services, dans l'adresse du 18 avril.

Toutefois, Charles-Maurice ne désespérait pas encore, au retour de Varennes, du succès de sa fortune dans la monarchie constitutionnelle, et nous devons ajouter qu'aux espérances de son ambition se rattachait l'idée du salut de Louis XVI. L'Assemblée constituante, déterminée par un motif qui n'a jamais paru logiquement justifié, décréta qu'aucun de ses membres, après leur séparation, n'accepterait de fonctions à la nomination du roi. Mais ce prince, au milieu des fluctuations incessantes de ses opinions, s'arrêta un moment au dessein de placer sa volonté au-dessus de ce décret, en formant son conseil d'ex-constituants. Or, M. de Talleyrand écrivit alors à sa correspondante intime :

« Tout a été réglé définitivement au château,
« malgré l'absurde décret. Si nous ne pouvons ac-
« cepter des places ostensibles, aucune loi n'em-
« pêche le roi de nous employer comme conseillers
« privés... Toutefois, à l'avenir, le gouvernement

« restera entièrement dans nos mains. Le général
« Lafayette doit avoir le ministère de la guerre,
« Barnave celui de la justice et de l'intérieur ,
« Alexandre de Lameth la marine , Charles de La-
« meth les finances ; le ministère des affaires étran-
« gères doit être pour moi ; c'est-à-dire, ma chère
« amie, que rien ne sera fait dans ces ministères
« respectifs (sans doute occupés par des hommes
« de paille) sans notre assentiment. Il nous faut
« maintenant nous hâter d'achever notre tâche
« constitutionnelle qui, seule, rendra la liberté à
« notre pauvre prisonnier. »

On peut affirmer que si ce système eût été mis à exécution, l'Assemblée législative eût trouvé la monarchie forte contre l'invasion des tendances républicaines qui ne tardèrent pas à surgir. Mais le projet, après avoir un moment souri à Louis XVI, demeura sans suite ; il en fut bientôt détourné par l'ineptie de son conseil intime , par les folles pro- messes de l'émigration, enfin par l'influence contre- révolutionnaire de Marie-Antoinette, dont les es- pérances se reportaient sans cesse vers cette cour de Versailles, où elle avait été tout à la fois reine de France, reine de la beauté, et peut-être reine des plaisirs.

D'un autre côté, le plan conçu par Talleyrand, Lafayette, Barnave et les Lameth, s'il était tel qu'il a été signalé dans quelques révélations, dut effrayer Louis XVI, dont les conjurés (car c'était bien une conjuration), attendaient une puissance de résolution qui ne pouvait émaner de son caractère. En effet, après avoir accepté la Constitution, préalable exigé comme première condition de l'assistance qu'on lui proposait, le roi devait se rendre à Metz, où l'auraient précédé MM. Lafayette et Rochambeau. Le but de ce voyage était de se concerter avec ces deux généraux, pour rendre à la monarchie tout le pouvoir que lui assurait l'acte constitutionnel. Alors, et tandis que Lafayette, ramenant le roi au milieu d'une armée, se serait avancé vers Paris, le directoire du département, M. de Talleyrand en tête, se serait emparé de l'autorité dans la capitale. Tout aussitôt les membres des Assemblées constituante et législative sur lesquels on pouvait compter eussent été réunis par cette sorte de décemvirat, et Paris eût été déclaré en insurrection contre la Constitution, pour avoir attenté à l'intégrité du pouvoir exécutif. Dans cette situation, Louis XVI, sous la protection de Lafayette et de son armée, reparaissait au milieu des Parisiens en monarque fort et clément. Ce coup d'État pouvait réussir, mais le roi n'osa pas le tenter.

Dès lors, M. de Talleyrand jugea la cause de la monarchie perdue, et ne songea plus qu'à se ménager un accès habile dans le parti républicain. Voici ce que le malléable politique écrivait à madame de F... :

« D'après ce que je vois tous les jours, je suis
« de plus en plus convaincu de la vérité contenue
« dans les dernières paroles de Mirabeau : la mo-
« narchie est certainement descendue avec lui dans
« la tombe. Il faut maintenant que je songe à ne
« pas me faire enterrer avec elle. Depuis quelques
« jours, j'ai reçu plusieurs confidences des répu-
« blicains; mais comme je soupçonnais qu'ils vou-
« laient seulement sonder le terrain, je n'eus pas
« l'air d'y faire autrement attention. Toutefois, je
« ne négligerai pas de leur rendre quelques services,
« afin de les voir revenir, et de les engager à par-
« ler plus ouvertement... »

Dans un passage de cette lettre, M. de Talleyrand chargeait son amie de faire jaser M. de Chauvelin, que l'on croyait avec raison engagé dans le parti de la république. «Demandez-lui le secret sur
« votre conversation, » ajoutait l'homme habile;

« s'il le garde, il n'y aura rien de fait ; si, au con-
« traire, il lui échappe, comme je le suppose, quel-
« que indiscrétion, cela pourra me servir sans nuire
« à personne, et surtout à vous, ma belle amie, que,
« pour tout au monde, je ne voudrais pas com-
« promettre. »

Dans une lettre, postérieure d'un mois à celle
dont nous venons de citer des fragments, M. de
Talleyrand disait :

« Après avoir passé hier toute la matinée à la
« cour, Chauvelin et moi nous soupâmes chez Pé-
« tion, avec Robespierre, Brissot, Guadet et Ro-
« land. Ils m'ont communiqué leurs plans, qui me
« paraissent parfaitement bien combinés, formida-
« bles et patriotiques ; je leur ai promis, en retour,
« de les servir, car je suis fermement convaincu
« que les choses ne peuvent durer comme elles
« sont. Nous ne pouvons ni rappeler les implaca-
« bles émigrés, ni proclamer la république. Dans
« la première de ces hypothèses, je serais l'un des
« premiers désigné à leur vengeance. Lié comme
« je le suis maintenant, j'ai tout à espérer et rien
« à craindre des républicains qui, d'ailleurs, ont
« besoin de moi sous plus d'un rapport. »

Du conciliabule auquel M. de Talleyrand avait

assisté, et qui se composait de Jacobins, de Corde-
liers, de Girondins, il résultait qu'on était d'accord sur un point, c'est qu'il fallait entraîner dans
le mouvement révolutionnaire l'Irlande, ce qui paraissait facile, et l'Angleterre elle-même, où l'on
pouvait croire les esprits disposés à l'insurrection.
Quant à ce dernier pays, Pétion, qui en arrivait, se
trompait sur ses prétendues dispositions révolutionnaires ; il en avait trop jugé d'après les idées
incandescentes que sa passion pour madame de
Genlis entretenait en lui. Alors, comme toujours,
le peuple anglais s'ameutait, criait, jetait des pierres
dans la voiture des ministres ; mais un constable
et quatre *police-men* paraissaient-ils, les soit-di-
sant radicaux se laissaient bâtonner et emprison-
ner. Une émeute anglaise est un feu pétillant, mais
qui s'exhale promptement en fumée.

Les pourparlers du soir de Talleyrand avec les
républicains, succédant aux audiences qu'il recevait le matin de Louis XVI, eurent lieu en octobre
et novembre 1791 ; et, le 15 janvier 1792, il quitta
Paris pour se rendre à Londres. Ce n'est donc pas
une présomption trop hasardée que de penser qu'il
s'y rendait chargé secrètement d'une mission ré-
publicaine, qu'il ne manqua pas assurément de

peindre au roi sous l'apparence d'une investigation toute dans son intérêt. Le caractère politique de M. de Talleyrand commençait à se dessiner nettement.

Nous l'avons dit, il n'avait point encore de mission officielle auprès du gouvernement anglais; mais il lui parut convenable de sonder le terrain, même auprès des membres du cabinet de Saint-James, dans l'intérêt d'une alliance entre la France et l'Angleterre. On assure que Pitt répondit à ces insinuations, peu voilées pour lui, quoiqu'elles l'eussent été avec soin par le diplomate amateur : J'ai « parcouru vos journaux, ceux de votre parti, ceux « de vos adversaires, et tous s'accordent à nom- « mer une révolution le *grabuge* qui se passe « maintenant en France. Je le veux bien, moi, et « je n'y serai pas plus difficile que le reste de l'Eu- « rope. Mais que répondriez-vous si, comme mi- « nistre, je vous disais : Je conviens qu'il y a eu « en France, dans ces dernières années, un grand « bouleversement; que le roi et la famille royale « ont éprouvé de vives afflictions; que plusieurs « hommes en place, odieux ou avilis, ont été as - « sommés ou mis en fuite par le peuple : voilà ce « que je sais. Quant à la révolution politique, où

« est-elle? Quelles en sont les preuves, du moins
« pour les cours étrangères? car, enfin, si vos ga-
« zettes plaisent et suffisent aux nations, il n'en est
« pas de même des cours, à qui vos journaux ne
« peuvent ni plaire ni suffire. Il faut des faits et
« non pas des mots. Quelle a été, depuis deux ans,
« la conduite de vos ministres? la même, n'est-il
« pas vrai, que sous le despotisme le plus absolu.
« M. de Montmorin, par exemple, n'a-t-il pas, jus-
« qu'à ce moment, parlé dans les cours étrangères
« la langue de la vieille diplomatie? N'a-t-il pas
« laissé, maintenu dans toutes les ambassades,
« dans toutes les missions, les ennemis les plus
« déclarés de votre nouvelle besogne? N'a-t-il pas
« bravé, pendant plus d'un an, l'indignation pu-
« blique; et cependant n'a-t-il pas eu pour lui,
« ainsi que le ministre de la guerre, la majorité des
« corps constituants? »

Selon la tradition que nous reproduisons, M. de
Talleyrand aurait répondu :

« Vos conceptions, Monsieur, s'étendent proba-
« blement au-delà de l'époque, assez prochaine,
« où doivent finir ces bévues de nos ministres, qui
« minent et sapent le trône de Louis XVI aussi
« hardiment que s'ils en avaient un autre tout

« prêt à mettre à la place... Au reste, Monsieur,
« vous devinez sans doute que de pareilles folies et
« de pareils ministres ne peuvent durer longtemps.»
« — Faites donc finir ces ministres ou ces fo-
« lies, après quoi nous parlerons d'affaires, répon-
« dit M. Pitt; jusque-là, je ne sais que ce qui est
« démontré pour toute l'Europe. Vous êtes insul-
« tés et trompés par vos ministres, au dedans et
« au dehors; l'Assemblée nationale le sait et le
« souffre. Est-ce faiblesse, corruption ou aveugle-
« ment? peu m'importe. La cause vous regarde; à
« moi, le fait me suffit. Un homme sensé à qui on
« propose un voyage ne manque guère, avant de
« partir, de jeter un coup-d'œil sur la voiture de
« son compagnon..... Pardon, Monsieur, je vous
« laisse ; j'ai rendez-vous avec M. Moiris, qui
« vous a suivi de près à Londres, pour y travail-
« ler dans un sens contraire au vôtre. Il en résul-
« tera qu'à la première conversation que j'aurai
« avec vous, vous me trouvez plus au fait du dé-
« tail de vos affaires. — J'en serai ravi, répondit
« M. de Talleyrand avec ce sourire qui pinçait lé-
« gèrement; je vais, de mon côté, voir M. Fox
« pour me mettre au courant des vôtres. »
Cette conversation, que nous avons abrégée, pas-

sait pour authentique à Londres en 1792. Si nous
cherchons à deviner quelle fut la véritable intention
de M. de Talleyrand en la provoquant, nous ne pouvons nous arrêter à l'espoir qu'aurait eu cet homme
si fin, si subtil, d'amener Pitt à conclure une alliance révolutionnaire avec la France. Il connaissait trop bien les vues hostiles de ce ministre contre les protecteurs de l'indépendance américaine,
pour attendre de lui la moindre harmonie d'intérêts
internationaux. Tout porte à croire que l'ex-évêque d'Autun chercha, dans cette circonstance, à
pénétrer la résistance que les républicains éprou-
veraient de la politique anglaise, si, comme cela
devenait de plus en plus probable, le trône des
Bourbons était renversé. Or, les deux subtilités en
présence dans l'entretien rapporté plus haut, sorti-
rent de ce duel sans avoir compromis leur secret.
Tels, deux paladins du moyen âge, armés de toutes
pièces, rompaient des lances sur leur formidable
cuirasse, et sortaient du combat sans en avoir ré-
ciproquement trouvé le défaut.

M. de Talleyrand reçut un accueil bien différent
parmi les wighs : il se lia avec Fox et Shéridan, qui,
eux, se fussent très volontiers entendus avec la
France pour substituer un [régime vraiment démo-

cratique à la constitution anglaise, mensonge de liberté dont l'aristocratie britannique se moque, parce qu'il est toujours en son pouvoir d'en corrompre les éléments.

Soit que la cour de Saint-James eût été informée de l'espèce d'intimité qui régnait entre Fox et M. de Talleyrand, soit qu'elle éprouvât une sorte d'éloignement pour l'évêque révolutionnaire excommunié, il fut reçut très froidement par Georges III lorsqu'il se présenta à son grand lever, et la reine lui tourna le dos avec dédain. « Elle a bien fait, » dit M. de Talleyrand à M. de Biron (Lauzun) qui l'accompagnait, « car Sa Majesté est fort laide. »

Après un voyage à-peu-près stérile, M. de Talleyrand revint à Paris au mois de mars, et reprit, pour un moment, ses fonctions d'administrateur du département. Plus lancé que jamais dans les sociétés politiques et surtout parmi les Girondins, il leur fit comprendre qu'il était nécessaire d'envoyer à Londres un homme assez lié avec les wighs pour les porter à une opposition menaçante, si, la République étant établie en France, le cabinet de Saint-James songeait à prendre parti pour les puissances coalisées contre elle. M. de Talleyrand, qui arrivait d'Angleterre, qui s'y était lié avec Fox,

offrait assez clairement ses services, et les Girondins, sans avoir une grande confiance en lui,
étaient disposés à les accepter. Mais une dificulté
se présentait : il avait été membre de l'Assemblée
constituante, et comme tel, il lui était interdit
d'accepter des fonctions à la nomination du roi.

L'obstacle paraissait insurmontable; M. de Talleyrand en accueillit l'énoncé avec un haussement
d'épaules qui devait signifier : « Un rien vous em-
« barrasse, Messieurs. » Puis il ajouta : « Qu'im-
« porte l'agent officiel; c'est un agent officieux
« qu'il nous faut. Que l'on nomme ambassadeur
« quelque jeune vaniteux qui se trouvera honoré
« du titre pompeux, Chauvelin, par exemple, et que
« le maniement des affaires soit réservé à l'homme
« expérimenté que vous aurez choisi. »

Les choses s'arrangèrent d'après ce plan : M. de
Chauvelin, jeune encore et plus ébloui du titre d'ambassadeur auprès d'une grande puissance, qu'humilié d'avoir à subir une tutelle dont, après tout,
il sentait la nécessité, M. de Chauvelin consentit à
tout ce qu'on attendait de lui. Il partit pour Londres, au mois de mai, ambassadeur de nom, avec
M. de Talleyrand pour menin. Cette légation ne fut
pas heureuse : le projet d'entretenir la paix entre la

France et l'Angleterre, au moment où les souverains d'Allemagne marchaient contre la première
de ces puissances, fut froidement accueilli par le
cabinet de Saint-James, quoique M. de Chauvelin
fût p rteur d'une lettre de Louis XVI pour Georges III. Sans doute le monarque anglais considéra
cet écrit comme tous les actes officiels du roi de
France, c'est-à-dire qu'il le crut dicté le glaive de
la Révolution sur la gorge. Le dédain avec lequel
on recevait M. de Chauvelin à la cour était quelquefois poussé jusqu'à l'insulte : un jour Pitt affecta
de se placer entre le roi et le ministre de France.
Celui-ci, outré d'une telle insolence, marcha avec
une intention évidente sur le pied du ministre anglais, qui ne parut pas s'en apercevoir. Il méditait
une vengeance plus sûre. Vainement l'ambassade
française fut-elle appuyée par un journal intitulé le
Morning Chronicle; vainement plusieurs clubs éta-
blis à Londres firent-ils de la propagande révolutionnaire; ce furent des soins et des peines en pure
perte. Cette partie du peuple que l'on achète si facilement, à Londres comme à Paris, injuriait les
diplomates français lorsqu'ils se montraient en public; plus d'une fois la voiture de l'ambassadeur
lui-même fut assaillie par des bandes stipendiées,

qui en brisèrent les glaces. Tel était l'éloignement que le ministère anglais montrait pour l'alliance avec la France, qu'il dépensa des sommes considébles afin d'ameuter le peuple contre les hommes d'État venus à Londres pour accomplir une pacifique alliance.

A cette époque, une femme dont le nom avait fait du bruit à la cour de Louis XV, non comme femme, mais en qualité de chevalier de Saint-Louis, capitaine de dragons, avocat au parlement, ministre plénipotentiaire auprès de diverses puissances, mademoiselle d'Éon, en un mot, finissait tristement à Londres une vie aventureuse et remplie d'intrigues, qui n'avait pas été favorisée par la fortune. Cet être androgyne vivait d'une médiocre pension que lui faisait le gouvernement anglais, pour des services assez peu avouables, ce nous semble. Mais l'existence de mademoiselle d'Éon ne pouvait s'alimenter du nécessaire seulement; il lui fallait ce superflu qui a nom la renommée : à tout prix, même de ridicule, elle la recherchait. Or, après avoir épuisé les moyens de célébrité qui honorent, elle en vint à convoiter ceux qu'on ne peut obtenir qu'à la manière des charlatans. Cette femme, dont le style et l'éloquence avaient été admirés par les

hommes d'État, après une carrière martiale pleine
do hauts faits, oubliait ses précédents jusqu'à monter sur un théâtre pour se donner en spectacle, dans
un assaut d'armes, avec un maître d'escrime renommé. La représentation devait avoir lieu au
Ranelagh ; toute la brillante société de Londres
courut assister à ce dernier degré d'aberration de
la vanité. L'ambassade française ne pouvait manquer à ce rendez-vous général du beau monde :
nous laissons parler l'un des membres de la légation. « A notre arrivée, » a dit ce témoin oculaire
dans ses Mémoires, « nous entendîmes bientôt un
« bourdonnement de voix qui répétaient : voilà
« l'ambassade Chauvelin. Les regards curieux,
« mais d'une curiosité qui n'était pas de la bien-
« veillance, se dirigeaient de toutes parts sur notre
« groupe ; bientôt nous pûmes sentir que nous au-
« rions la carrière libre pour nous promener, car
« on se retirait à droite et à gauche à notre appro-
« che, comme si l'on eût craint de se trouver dans
« une atmosphère contagieuse. Or, le groupe de-
« vint d'autant plus remarquable, qu'il se trouvait
« dans le vide et le formait en avançant. Une ou
« deux personnes vinrent parler à MM. de Chauve-
« lin et de Talleyrand ; mais on put reconnaître que,

« par cette démarche, elles avaient cru se résigner
« à un grand acte de courage... Un moment après,
« nous vîmes errer, tout-à-fait solitaire, un homme
« qui était repoussé à d'autres titres : c'était le duc
» d'Orléans, que l'on fuyait avec un soin tout par-
« ticulier... Enfin, las d'être laissés à l'écart, comme
« des lépreux, nous nous retirâmes ; observant
« que M. de Talleyrand n'était ni affecté ni décon-
« certé, tandis que M. de Chauvelin l'était beau-
« coup. »

Au mois de juin, M. de Talleyrand était bien
convaincu de deux choses : à savoir que le ministère anglais s'opposerait à toute alliance entre la
France et l'Angleterre, et que la propagande révolutionnaire parmi les wighs serait sans résultats.
Or, monarchiste constitutionnel et néophyte républicain, M. de Talleyrand n'avait pas cessé d'être
homme de cour. Il faisait à Londres, quoi qu'on
ait dit, sa société habituelle des émigrés et plus
particulièrement des jeunes baronnes, comtesses ou
marquises émigrantes, que les rigueurs du destin
vouaient au pénible labeur de courir le cachet... Le
diplomate français venait au secours de ces nobles
dames, autant que les chances du jeu le lui permettaient... C'était justice : la charité évangélique,

dont l'ex-évêque se piquait encore, favorise le faible plutôt que le fort. Néanmoins, ces gentilshommes émigrés qui, selon des historiens mal informés ou prévenus, tournaient le dos dédaigneusement à M. de Talleyrand, ne laissaient pas de venir, dans son antichambre, tendre la main pour en recevoir quelques demi-couronnes.

Ces œuvres pies furent mal interprétées : pendant que M. de Talleyrand secourait à Londres, on le dénonça comme aristocrate à l'Assemblée législative. Il se justifia, mais de loin, pensant avec raison que les frottements sont toujours très rudes dans le mécanisme des révolutions. Le diplomate accusé ne fut ni condamné ni absous ; on laissa sa renommée flotter entre l'innocence et la trahison, comme il flottait lui-même entre toutes les chances de l'ordre de choses qui existait ou pouvait exister : se tenant prêt à devenir fidèle à toute fortune heureuse qui s'emparerait du timon de l'État.

Cependant, revenu à Paris avant le 10 août, M. de Talleyrand n'y était pas en sûreté après cette terrible journée. Suspect par sa naissance, par les services rendus à tous les partis, ce qui donnait lieu de soupçonner qu'il n'appartenait à aucun, les nuages orageux qui naguère avaient plané sur sa tête pouvaient se reformer. Heureusement, Danton avait apprécié ses talents, et lui obtint un passeport de cette trop fameuse commune insurrectionnelle qui s'était substituée à la municipalité de Paris. M. de Talleyrand retourna à Londres avec la mission de continuer, au nom de la future République, la mission qu'il avait précédemment remplie au nom du roi.

Danton, qui avait protégé l'ex-prélat, ne put lui continuer sa protection : la fatalité voulut que, lors de l'ouverture de l'armoire de fer, on y eût trouvé une lettre de M. de Laporte, ainsi conçue et datée du 22 avril 1791 : « Sire, j'adresse à Votre « Majesté une lettre écrite avant-hier, et que je « n'ai reçue qu'hier après midi. Elle est de l'évêque « d'Autun, qui paraît désirer de servir Votre Ma- « jesté. Il m'a fait dire qu'elle pouvait faire l'essai « de son zèle et de son crédit, et lui désigner les « points où elle désirerait l'employer. »

On conçoit qu'après le 10 août, c'était un grand crime d'avoir voulu servir Louis XVI; un autre grief, dénoncé par le nommé Viard, vint corroborer celui révélé par la lettre de Laporte. Cet homme, qui avait eu plusieurs missions secrètes à Londres, déclara qu'il y avait vu M. de Talleyrand vivre en grande intimité avec Narbonne, d'Aiguillon et madame du Barry... Viard ne calomniait pas le diplomate français : Narbonne et d'Aiguillon étaient joueurs intrépides, et madame du Barry était... l'ancienne protectrice de l'abbé de Périgord. Mais jouer avec des émigrés et courtiser une ancienne favorite du roi ne pouvaient être, en temps de révolution, des actions innocentes ; M. de Talleyrand fut décrété d'accusation. Une première justification, très habilement rédigée par l'abbé Desrenaudes, parut dans le *Moniteur*; puis M. de Talleyrand lui-même en adressa une de Londres, tissue des plus jolis déguisements de la vérité et de la bonne foi. La Convention nationale ne se laissa point persuader ; elle maintint le décret d'accusation. Or, M. de Talleyrand n'ayant pu rentrer en France avant le 8 avril 1793, fut porté sur la liste des émigrés. Ce n'était là que la moitié du malheur qui devait l'atteindre ; au moment même où la Convention proscrivait un homme qui, après tout, avait été utile à la Révolution, Pitt, ayant obtenu du Parlement la remise en vigueur de *l'alien-bill*, l'expulsa de l'Angleterre, comme Jacobin, ne lui laissant qu'un délai de vingt-quatre heures pour s'embarquer.

Ce renvoi était, il faut en convenir, extrêmement brusque; était-il trop sévère? On est contraint de déclarer que non. Pitt ne pouvait ignorer le rôle en triple partie que M. de Talleyrand avait joué en Angleterre : au nom du roi, au nom de Louis-Philippe-Joseph d'Orléans et au nom du parti républicain. Assurément, à aucune époque, le diplomate français ne vit sa carrière mieux remplie, si ce n'est peut-être en 1814, lorsqu'il parut chez l'empereur Alexandre disposé à soutenir la candidature souveraine de Napoléon II, de Louis XVIII et d'un autre duc d'Orléans.

Avant de suivre M. de Talleyrand aux États-Unis d'Amérique, il n'est pas sans intérêt de jeter un coup-d'œil rétrograde sur les diverses instructions qu'il avait reçues des partis dans l'intérêt desquels il devait agir chez les Anglais, et sur quelques détails d'intimité que nous avons dû négliger jusqu'ici, afin de tracer largement la marche des événements majeurs. On a déjà prévu que la cour lui recommandait d'établir exclusivement ses intelligences avec les torys et le ministère; de n'écouter aucune proposition venant de l'opposition; d'éviter de se mettre en rapport avec les clubistes; enfin de ne communiquer qu'avec les personnes revêtues d'un caractère officiel. Un crédit de quatre cent mille livres était ouvert à l'ambassade pour rétribuer les agents secrets, et pour d'autres dépenses indispensables.

Les instructions secrètes du duc d'Orléans, rédigées par Laclos, recommandaient particulièrement à M. de Talleyrand d'entretenir avec soin la bonne intelligence dès longtemps établie entre son altesse et le prince de Galles. Il devait flatter, caresser, encourager les wighs; prendre leur avis, écouter leurs vues, s'y conformer autant que possible, et leur faire considérer comme prochaine la régence de M. le duc d'Orléans, qui ne serait qu'un degré pour l'élever au trône constitutionnel. Alors, le prince appuierait de toute son influence politique et militaire l'opposition anglaise; ses coffres lui seraient ouverts pour favoriser les réformes auxquelles ils aspiraient. Si, malgré ces brillantes promesses, le parti réformiste hésitait ou montrait quelque défiance, l'agent accrédité devait se retourner vers les clubistes. Mais avec ceux-là, nulle mention de la royauté constitutionnelle ne devait être faite. Appelé à la tête du gouvernement français, M. le duc d'Orléans était bien décidé à n'accepter que le titre de président électif de la république, et les pa-

trioles anglais pouvaient compter sur son appui
pour fonder une république dans la Grande-Bretagne. Le duc mettait à la disposition de M. de Talleyrand une somme de six cent mille livres, dont il
ferait un emploi discrétionnaire. Il lui était recommandé, toutefois, de distribuer de l'argent parmi
les chefs connus du parti populaire, afin que l'on
célébrât avec retentissement en Angleterre les
grandes époques de la Révolution française.

Voici maintenant les instructions du parti purement républicain, rédigées par Pétion, Brissot et
Roland. Elles étaient conçues sur un plan beaucoup plus vaste, et la séduction devait s'opérer
sur une grande échelle. Pour seconder les efforts des patriotes anglais, on devait récompenser
largement les auteurs d'ouvrages, de pamphlets,
de discours, de pièces de théâtre et même de chan-
sons, dirigés contre la cour ou composés en faveur
de la liberté et de l'égalité. Les chefs populaires devaient être pourvus de fonds suffisants pour ac-
quitter les dépenses faites dans les assemblées, dans
les tavernes, en voyage, et pour la correspondance.
Une assemblée démocratique, affiliée à la Convention
nationale de France, s'était formée en Angleterre,
sous le nom de Convention *Gallo-Britannique* : elle

représentait les futures républiques anglaise, écossaise et irlandaise. Il était très expressément recommandé d'envoyer à Paris une députation de cette assemblée, afin de fraterniser avec la grande Convention, et d'adopter les mesures les plus promptes pour donner aux peuples des Iles Britanniques une liberté de fait, au lieu de la liberté illusoire qu'on leur peignait comme réelle. M. de Talleyrand devait récompenser généreusement les officiers, les agents divers qui, ralliés au principe de l'insurrection, proclameraient courageusement la doctrine des droits de l'homme et la sainte loi de l'égalité. Aucune dépense ne devait être épargnée pour répandre dans les tavernes, dans les casernes, dans les corps-de-garde, à bord des bâtiments, des traductions des journaux, des proclamations, des discours, des chants patriotiques qui avaient électrisé le peuple français.

Les femmes, ces agents infaillibles de séduction, ne devaient pas être négligées : leurs charmes, leur esprit, leurs faiblesses pouvaient devenir de puissants auxiliaires. Il fallait donc favoriser leur prosélytisme dans toutes les classes, afin qu'elles pussent séduire le lord comme le matelot, le négociant comme le soldat, le légiste, le savant, l'homme de lettres comme l'ouvrier et le cultivateur. Les danseuses, les actrices, les femmes faillibles par calcul, devaient être de précieuses recrues ; celles qui, par la distinction de leurs manières ou l'éclat de leur beauté, pouvaient exercer l'influence la plus probable, seraient, à prix d'argent, mises en possession de cafés, de cercles consacrés au jeu, et même d'établissements d'une moralité plus suspecte. Quand la politique se met à descendre, elle descend quelquefois bien bas. Enfin, outre *l'Argus* et le *Morning-Chronicle,* déjà vendus aux patriotes français, M. de Talleyrand était autorisé à acheter d'autres feuilles publiques, à Londres, à Édimbourg, à Dublin, à Birmingham, à Manchester, à Glascow, à Nottingham, à Leeds, à Norwich et autres villes importantes des Trois-Royaumes. Tous ces journaux auraient pour mission de propager le principe de la souveraineté du peuple, de combattre la polémique contraire à ce principe, et de justifier la Révolution française jusque dans ses élans les plus désordonnés, en déguisant avec habileté les excès qui ne pourraient être justifiés.

Pour faire mouvoir tous ces ressorts et en diriger le jeu, trois millions étaient mis à la disposition de M. de Talleyrand, et seraient payés par le trésorier du comité d'insurrection de l'Assemblée conventionnelle.

On conviendra que pour tenir en main les fils compliqués des trois intrigues dont nous venons d'esquisser les détails, sans confusion, sans risque de fourvoyer les démarches dans une sphère d'action étrangère à leur but, et surtout sans laisser apercevoir les éléments incompatibles de ces diverses missions, il fallait une adresse, une présence d'esprit presque surnaturelles. En vérité, jamais M. de Talleyrand ne se montra plus fécond, plus varié, plus preste en métamorphoses. Il faut tout dire, cet homme habile était bien secondé ; Beaumarchais, ce tirailleur dans les champs de la politique à une époque où le germe de la Révolution n'était pas encore éclos ; Beaumarchais, dont la verve intrigante n'avait pas trop vieilli, avait été donné pour lieutenant au héros de cette histoire, avec Noël, Chambert et Audibert. Ces agents secondaires devaient au besoin se montrer à découvert, tandis que le moteur principal, jusqu'à la chute de Louis XVI, s'envelopperait du manteau de l'agent monarchiste.

On a retrouvé dans les papiers du Comité de salut public des traces de tout ce que nous venons de rapporter, et l'on doit peu s'étonner de cette découverte. Ce comité avait en Angleterre des agents secrets et directs, envoyés pour observer tous les partis, tous les intrigants, même ceux accrédités par lui. Il ne se faisait rien pour ou contre la Révolution française, de l'autre côté du détroit, sans que des rapports circonstanciés en fussent adressés aux hommes qui tenaient en France le timon de l'État. La correspondance même était violée par des mains subtiles dont on retrouva peut-être l'assistance plus tard, pour organiser le fameux *cabinet noir*. C'est ainsi qu'une lettre adressée à madame de F.... par M. de Talleyrand, au moment de son départ pour Londres, révéla la triple mission dont il était chargé, et nous servira à confirmer les faits relatés plus haut. « J'ai à méditer, disait « Charles-Maurice à son amie, sur des instructions « qui sont bien opposées : celles des Tuileries, « celles du Palais-Royal et celles de la Mairie ; « je n'aurai que le temps de passer quelques heures « avec vous ce soir. Je vous donnerai différentes « sortes de chiffres pour que vous puissiez les « adopter dans votre correspondance avec moi, et « je vous indiquerai les adresses auxquelles vous « pourrez m'écrire. »

« Chassez le naturel, il revient au galop. »

le galant diplomate ajoutait : « Tâchez donc d'être
« seule chez vous ce soir. »

Puisque nous rentrons ici dans le sanctuaire de
la vie privée d'un homme qui ne fut pas moins mo-
bile dans l'intimité que dans la sphère politique,
nous devons dire, avec toutes les réserves que
commande la chasteté de l'histoire, que M. de Talleyrand s'était vivement épris d'une jeune, jolie et
riche émigrée, après avoir secouru à Londres bon
nombre d'émigrées réduites à donner des leçons de
musique, de dessin ou de broderie. (Les dames
nobles du XVIIIe siècle eussent été bien inhabiles à
donner des leçons de français). En renonçant à ce
dernier genre de galanterie, M. de Talleyrand rentrait dans le cercle de ses affections ordinaires : les
deux sentiments qui régnaient en suzerains dans
son cœur, l'amour des femmes et celui de l'argent,
s'entendaient à ravir.

Mais il était resté en France une amie dont les
droits, pour être anciens, ne se laissaient pas obli-
térer dans la pensée de celle qui pouvait les invoquer;
madame de F.... avait aussi en Angleterre ses
agents secrets, qui la tenaient au courant des faits

et gestes de M. de Talleyrand, et leurs rapports n'étaient pas favorables. La maîtresse en titre se plaignit plus d'une fois, et finit par s'attirer cette réponse peu obligeante. « Comme je ne vous ai ja-
« mais rien dit des nombreuses visites de Narbonne,
« et de vos promenades encore plus fréquentes au
« bois de Boulogne, je m'étonne fort, à vous dire
« vrai, de vos plaintes sur un tête-à-tête avec ma-
« dame de N... et lady A..., comme vous l'appelez.
« Ma chère amie, je ne puis me passer de la société
« des femmes ; j'y suis habitué depuis ma jeunesse ;
« j'en ai besoin pour reposer mon esprit ; après de
« pénibles travaux, des études sérieuses, rien ne
« peut m'en distraire aussi bien que ces saillies
« heureuses, ce ton léger et animé dont votre sexe
« possède le secret, et dont le charme est si puis-
« sant en vous. Vous n'avez pas pu croire qu'ici,
« accablé d'affaires, de soucis, de vexations, d'en-
« nuis de toutes les sortes, et privé de votre pré-
« sence, je me priverais de ces causeries intimes
« que vous savez rendre si douces. De pareilles pré-
« tentions, je n'ai pas besoin de vous le dire, se-
« raient ridicules de votre part, et insupportables
« pour moi. Non, cela ne se peut pas ; je vous
« ferais tort en insistant sur ce point ; vous avez

« trop d'esprit pour vous livrer à des idées si ex-
« travagantes. Voulez-vous maintenant que je vous
« explique tout ce qu'il y a d'adroit dans cette pe-
« tite sortie que vous me faites; vous avez tout
« simplement cédé à votre instinct de femme; vous
« saviez que j'avais reçu l'ordre de revenir en
« France, et que j'arriverais d'un moment à l'autre;
« de là la nécessité de prendre l'initiative des re-
« proches. Ce calcul est fort avouable; arrivé à
« Paris, je saurais... ce que vous savez aussi bien
« que moi; mais moi j'ai gardé le silence, et vous,
« vous parlez, voilà toute la différence. Cependant
« vous auriez pu deviner qu'ayant vos espions au-
« tour de moi, les miens pourraient bien, de leur
« côté, n'être pas fort éloignés de vous..... »

Nous interrompons ici une série de détails que
notre plume doit s'interdire; les personnes meurent;
mais les familles restent, et notre tâche finit là où
commence le scandale.

Nous doutons que madame de F..... ait trouvé
les raisons de son ami bien convaincantes, malgré le soin qu'il avait pris, en traçant sa lettre, de
faire refléter sur son amie absente les feux de ses
amours volages; il est peu de femmes qui s'ar-
rangent d'être aimées par entremise. Mais en fer-

mant la missive de son infidèle, madame de F.....
ne put manquer de se dire : « Voilà un homme qui
« connaît bien notre sexe. »

Rien n'est plus difficile que de persuader une
femme contre les inspirations de sa jalousie; madame de F...., avant que M. de Talleyrand eût été
obligé de quitter l'Angleterre, y accourut , munie
d'un passeport délivré par la Municipalité de Paris.
Cette émigration, plus sentimentale que politique,
lui sauva la vie; son mari périt un peu plus tard sur
l'échafaud, et, sans nul doute, la comtesse n'eût
pas été épargnée. Elle arriva à Londres avec son
fils... Hélas! elle trouva la jeune émigrée dont nous
avons parlé en pleine possession des droits qu'elle
venait invoquer, et, depuis cette époque, ils furent entièrement éludés. La femme qui la désempa-
rait était madame Grant, celle-là même qui devait
être princesse légitime de Bénévent et compagne
du *vice-grand électeur* de l'empire, à l'époque où
l'élévation de M. de Talleyrand à cette dignité ferait
dire qu'il n'y avait dans l'État qu'un *vice* de plus.
Lorsque nous serons parvenu au temps du mariage
de M. de Talleyrand, nous reviendrons sur les précédents de madame Grant, dont nous constatons
seulement ici l'avénement dans les affections, peut-

être serait-il plus exact de dire, dans les appétits sensuels du diplomate français.

La femme qu'on n'aime plus est aisément calomniée : avant de quitter l'Angleterre, M. de Talleyrand, décidé à ne plus servir que la République, par la puissante raison qu'elle triomphait, se prit à entretenir une correspondance suivie avec le ministre girondin Lebrun, et lui défendit expressément de lui écrire désormais sous le couvert de madame de F... :

« Elle est jalouse de quelques connaissances que
« j'ai faites ici, ajoutait-il, et je désire que le gou-
« vernement ne sache pas notre ancienne liaison à
« Paris. Vous pouvez m'envoyer vos instructions,
« au moins une fois par mois, sous le couvert de
« madame Grant, dont je possède l'amitié, *et qui*
« *est trop bête* pour pouvoir jamais se douter de
« la moindre chose. »

Voici maintenant le caractère de M. de Talleyrand sous une autre face, sous sa face héroïque, si héroïsme il peut y avoir dans la cupidité.

« Malgré les réductions que j'ai dû faire dans le
« nombre des individus que j'emploie, » écrivait-il
encore à Lebrun, « les dépenses se sont accrues à
« cause des innombrables précautions que je suis

« obligé de prendre, et mes agents exigent un sa-
« laire plus élevé. Afin d'éviter tout soupçon, j'ai
« été aussi dans la nécessité de prendre une mai-
« son à Kinsington, où tout est plus cher qu'à
« Londres. » En cela, M. de Talleyrand disait vrai :
sa dépense à Kinsington s'était singulièrement
accrue depuis que cette résidence était devenue une
petite maison du XVIIIe siècle, avec toutes les charmantes récréations mises en vogue par les Riche-
lieu et les Soubise.

Le correspondant de Lebrun continuait :

« Telles sont les causes du crédit étendu que j'ai
« demandé sur les banquiers de Hambourg, de
« Francfort et de Bâle. Au surplus, vous connais-
« sez mon désintéressement » (c'est le cas de répéter que M. de Talleyrand avait toujours le mot
pour rire), « et ce n'est pas à vous que j'ai besoin
« de dire avec quelle stricte économie je disposerai
« des fonds appartenant à la nation » (de plus en
« plus plaisant). « Je me bornerai aux dépenses
« les plus indispensables. Beaumarchais m'a re-
« fusé de nouvelles avances jusqu'à ce que ses
« comptes aient été réglés par le conseil exécutif,
« prétendant qu'il a outrepassé son crédit de six
« cent mille livres en achat d'armes pour les pa-

« triotes, et se voyant même, pour ce motif, tour-
« menté par des créanciers. »

Toutes ces dispositions financières furent vaines;
le ministre Lebrun, ayant été enveloppé dans la
proscription des Girondins, périt avec eux, et, dès
ce moment, les crédits ouverts à M. de Talleyrand
sur les banques étrangères furent fermés. L'acte
d'accusation porté contre lui reprit sa vigueur, et,
comme nous l'avons dit, il fut déclaré émigré. Rayé
de la liste des agents révolutionnaires, l'évêque
d'Autun lut bientôt, dans les journaux, sa correspondance avec madame de F... ; on amusa même
les patriotes d'une collection des plus confidentielles
de ces lettres. Cette divulgation, qui dévoila le triple rôle que M. de Talleyrand avait joué en Angleterre, détermina sans doute l'application de *l'alien
bill* au diplomate français, vers la fin de l'année
1793. On a dit qu'au moment de son départ, madame de F..., réduite à l'indigence, avait sollicité
vainement l'assistance de cet ami, qu'elle croyait
trouver au moins fidèle à l'amitié. Nous ne prenons
pas ce fait sous notre responsabilité; mais il est au
moins certain que la comtesse chercha dans la cul-
ture des lettres, refuge ordinaire des amours de
femmes malheureux ou désabusés, non-seulement

des consolations, mais un recours contre la misère.
La littérature française dut à ce double besoin l'un
des jolis romans de l'époque : *Adèle de Sénanges.*
Dans cette suave composition, la nature se montre
sous les formes que Dieu lui a données; l'amour y
est une passion, non une frénésie ; les femmes bien
nées ne s'y éprennent point des forçats ; enfin les
maris ne se suicident point pour laisser leurs femmes à des amants dont elles ont préféré les vices
aux vertus de ces bénévoles époux. Madame de F...
écrivait comme on pense dans la vie réelle..... nous
étions encore privés, de son temps, *des hommes et
des femmes de style ;* nous croupissions dans le naturel.

Muni de 130,000 dollars, provenant du fond
de la caisse patriotique dont il avait la clé, M. de
Talleyrand s'embarqua donc pour les États-Unis
d'Amérique. En ce moment même, plusieurs des
lumières de la Révolution avaient été dispersées
par le souffle de la proscription : les frères Lameth
étaient prisonniers à Spandaw ; Lafayette et La-
tour-Maubourg à Olmutz ; Buzot, Pétion, Barba-
roux, erraient dans le Midi, ne sachant plus où reposer leurs têtes, même pour mourir; et Condorcet,
dans la prison du Bourg-la-Reine, résolvait le der-

nier problème du philosophe : le passage de la vie à la mort.

Alors les proscrits français des divers partis étaient éparpillés dans toutes les parties du monde : M. de Talleyrand en trouva en Amérique. Mais il semble que les passions politiques, loin du sol où elles ont pris naissance, perdent de leur intensité, et laissent renaître cette sympathie qui, malgré la différence des opinions, rapproche, sous un ciel étranger, les hommes du même pays. M. de Talleyrand porta, dit-on, la cocarde blanche à Philadelphie et à Boston ; mais il serra la main aux Constituants et aux membres de l'Assemblée législative, réputés constitutionnels. Plus secrètement, mais avec plus d'effusion, il embrassait les républicains français quand il les rencontrait : c'étaient les hommes du jour.

Cependant les loisirs de l'exil laissaient un vide immense dans la vie de cet homme, pour lequel une seule intrigue n'était qu'un tiers d'occupation. Il chercha à remplir ses journées, et il en trouva l'occasion dans l'exercice du ressentiment que son renvoi d'Angleterre excitait en lui. Tout porte à croire que M. de Talleyrand employa toute son adresse, mit en jeu toute sa subtilité pour faire harmonier les allures du congrès américain avec la marche des assemblées révolutionnaires de la France, ce qui pouvait empêcher la signature d'un traité entre l'Union et l'Angleterre vivement sollicité par le ministre Pitt. S'il ne fit pas rompre les négociations, au moins parvint-il à en retarder la conclusion : c'était toujours une demi-vengeance obtenue.

L'activité de M. de Talleyrand se trouvant alors sans direction, et les capitaux qui lui restaient pouvant s'épuiser sans fructifier, l'ex-prélat se prit à spéculer sur le sucre et le coton. « Je ne songe « guère à mes ennemis, » écrivait-il à madame de Genlis, de qui les caprices galants s'étaient un moment rencontrés avec les siens; « je m'occupe à re- « faire ma fortune. » Ce passage peint M. de Talleyrand à nu.

Son commerce prospérait lorsqu'il apprit la mort de Robespierre. Le changement de système survenu en France après le 9 thermidor ayant fait juger à l'exilé que la politique lui serait plus profitable encore que le négoce, s'il parvenait à remettre le pied dans sa patrie, il adressa à la Convention nationale une pétition tendant à obtenir sa radiation de la liste des émigrés.

Malgré l'active sollicitude de l'abbé Desrenaudes, le pétitionnaire attendit longtemps l'effet de sa démarche. Madame de Staël, elle-même, cette femme qui eût offert la réalisation du mouvement politique, si jamais il s'était incarné, madame de Staël sollicita d'abord sans succès le retour d'un homme qu'elle espérait utiliser dans sa sphère d'activité. A propos de cette intervention, nous devons dire un mot du crédit immense que, dans sa pensée, M. de Talleyrand accordait aux femmes. Il fallait qu'il attachât à leur pouvoir une puissance que les ressources mêmes de sa féconde habileté ne pouvaient égaler ; car, dans les cas extrêmes et bien rares assurément où celle-ci échouait, il s'écriait : « Allons, « il faut mettre les femmes en avant. » Or, dans la situation qui nous occupe, il est à présumer que, si les services de madame de Staël furent offerts, comme nous le pensons, ils furent vivement acceptés. « Beaucoup de belles dames de l'ancien régime, « a dit un spirituel mémorialiste déjà cité, mues par « un esprit de charité, n'avaient point dédaigné « d'enchaîner à leur char quelques-uns de ces fa- « rouches conventionnels qui faisaient tout trem- « bler autour d'eux. Il leur était doux d'apprivoi- « ser des tigres pour sauver des agneaux... Nous

« ne prétendons point dire que ce fut à titre d'a-
« gneau que madame de Staël s'intéressa à M. de
« Talleyrand ; quoi qu'il en soit, elle s'employa à
« son rappel. »

S'il faut en croire la chronique secrète du temps,
le conventionnel Chénier, qui n'était pas précisément un tigre, attachait un haut prix aux brillantes
qualités de la fille de Necker, et cette dame faisait
le plus grand cas du poète tragique ; ce fut lui
qu'elle *décida* à demander le retour de M. de Talleyrand. Décida est bien le mot : la démarche de la
baronne signalait une seconde estime qui dut jeter
quelque ombrage dans l'esprit de Chénier. Néanmoins, il promit de satisfaire son amie, et lui tint
parole. Dans la séance du 17 fructidor an III, un
décret avait autorisé le retour en France de M. de
Montesquiou ; Chénier saisit cette occasion, et, le
lendemain, il fit entendre ce discours à la tribune :

« Le décret équitable que vous avez rendu hier
« en faveur de l'ex-général Montesquiou m'im-
« pose le devoir d'en réclamer un semblable pour
« un homme que ses talents distingués et les ser-
« vices qu'il a rendus dans l'Assemblée consti-
« tuante placeront au rang des fondateurs de la
« liberté... pour Talleyrand-Périgord, ancien évê-

« que d'Autun. Nos divers ministres à Paris attes-
« tent la bonne conduite qu'il a tenue et les ser-
« vices qu'il a rendus; j'ai entre les mains un mé-
« moire dont on a pu trouver un double dans les
« papiers de Danton; ce mémoire, daté du 25 no-
« vembre 1792, prouve qu'il s'occupait à consoli-
« der la République, lorsque, sans rapport préala-
« ble et sans motif, on l'a décrété d'accusation :
« son acte d'accusation est encore à rédiger.

« Dans le temps où il était proscrit en France
« par Robespierre et Marat, Pitt le proscrivait en
« Angleterre. C'est au sein d'une république, dans
« la patrie de Benjamin Franklin, qu'il a été con-
« templer le spectacle imposant d'un peuple libre,
« en attendant que la France ait des juges et non
« des meurtriers, une république et non une anar-
« chie constituée.

« Je réclame de vous Talleyrand; je le réclame
« au nom de ses nombreux services; je le réclame
« au nom de l'équité nationale; je le réclame au
« nom de la république, qu'il peut servir par ses
« talents; au nom de la haine qu'il porte aux émi-
« grés, et dont il serait victime comme vous, si les
« lâches pouvaient triompher. Je propose donc de
« rapporter le décret d'accusation porté contre

« Talleyrand-Périgord ; de faire rayer son nom de
« toute liste d'émigrés, et de déclarer qu'il pourra
« rentrer sur le sol français. »

Boissy-d'Anglas ajouta :

« Si Talleyrand était rentré lors du décret, vous
« auriez à pleurer un homme de génie de plus, car
« il aurait été infailliblement sacrifié. Puisque
« vous donneriez des larmes à sa mémoire, pour-
« quoi ne seriez-vous pas juste envers sa personne,
« envers ses talents, qui peuvent être encore si uti-
« les à la République? Je demande que le projet de
« rappel soit mis aux voix. »

La cause de M. de Talleyrand était gagnée. Un
décret, rendu presque à l'unanimité, fut rédigé
ainsi :

« Considérant que le citoyen Talleyrand-Péri-
« gord a puissamment secondé la révolution par sa
« *noble* conduite, comme citoyen et comme ecclé-
« siastique; appréciant en outre les motifs qui l'ont
« éloigné, la Convention nationale l'autorise à
« rentrer en France. »

On voit que, sous la République, il était aussi facile de faire des innocents que des coupables. Nous
avons vu qu'au moment où l'on déclara M. de Talleyrand émigré, sa correspondance même la plus

secrète fut publiée ; et il avait été impossible de n'y
trouver que des témoignages de sa *noble conduite*.
Mais le torrent des révolutions, en roulant sur les
événements, entraîne dans son cours les souvenirs,
pourvu que ce ne soient pas des ressentiments, et
les griefs passés s'oublient aisément quand ils n'ont
nui qu'à la cause publique.

Lorsque le décret de rappel parvint à M. de
Talleyrand, aux États-Unis, il ne se décida pas à
revenir en France directement : il voulait, avant de
s'aventurer sur cette terre, encore mouillée du
sang versé durant la Terreur, observer la marche
des partis, suivre leur fluctuation, et fonder, s'il y
avait lieu, sa sécurité sur une base d'événements à
peu près rassurante. L'émigré amnistié se rendit
d'abord à Hambourg, où il arriva au mois de juillet 1795, bien résolu, disait-il, à ne plus s'engager
dans les affaires publiques. Mais on ne rompt pas
ainsi avec sa vocation, et madame de Genlis eut
raison de dire à cette occasion : « Les ambitieux
« sont les hommes du monde qui savent le moins
« mettre à profit le *nosce te ipsum* de Lucien : ils ne
« se connaissent pas eux-mêmes. On peut les com-
« parer aux amants, qui prennent sans cesse leur
« mécontentement et leur dépit pour le détache-

« ment et la raison. » C'était en présence de M. de Talleyrand que la marquise formulait cette réflexion ; car elle se trouvait à Hambourg en même temps que lui. On va voir que le jugement porté par cette dame sur les ambitieux et à propos du diplomate français reçut promptement son application.

A Hambourg s'étaient réfugiés les débris de la faction d'Orléans : les frères Lameth, le général Valence, le duc d'Aiguillon et quelques autres ; il va sans dire que la veuve Sillery ne pouvait manquer à cette réunion, qui formait dans la ville anséatique un comité demi révolutionnaire, demi monarchique. Ces réfugiés, se tenant à distance du parti de l'émigration, se prévalaient d'un patriotisme hautement exprimé. Mais la république n'était pas le gouvernement qu'il leur fallait : presque tous, anciens membres influents de l'Assemblée constituante, méditaient le retour de la monarchie constitutionnelle, fondée par cette législature..... Mais sur quelle tête se proposaient-ils de placer la couronne? Louis-Philippe-Joseph d'Orléans, leur candidat, était mort... apparemment ils croyaient pouvoir dire à Hambourg, comme jadis on criait sur le balcon de Versailles : *Le Roi est mort, vive le Roi !*

M. de Talleyrand pénétra leurs vues, et se dit : Voilà qui est bon à observer. Ainsi, déjà rentré d'intention dans la voie des intrigues politiques qu'il avait promis d'abjurer, il parut écouter favorablement les propositions que ne manqua pas de lui faire le petit comité de Hambourg, et se chargea de correspondre avec Barras, qui venait d'entrer au Directoire, nouvellement inauguré. Mais redescendu dans la lice, M. de Talleyrand y rapportait tous ses instincts. Nous pensons sincèrement qu'il lui eût été impossible de jouer un rôle dont la tendance eût été unique ; en paraissant travailler pour les orléanistes d'Hambourg, il plantait, dans sa correspondance avec Barras, des jalons sur la route de sa nouvelle fortune politique.

Une partie de l'existence de M. Talleyrand restait inactive à Hambourg, dans les premiers temps de son séjour : aucune femme ne s'était chargée de la douce tâche de *reposer son esprit*. Dans cette lacune de sa vie ordinaire, il parut apprendre tardivement que madame de F.... se trouvait à Altona, ville séparée de Hambourg par une simple promenade. A défaut d'amours nouveaux, on restaure de son mieux, le charme des anciens. M. de Talleyrand apparut un matin dans la modeste retraite de l'amie, si peu favorisée par lui lorsqu'elle avait sollicité son assistance en Angleterre. La vanité, cette flatteuse toujours docile à nos vœux que nous portons sans cesse en nous, montrait d'avance au coupable plus ou moins repentant les bras de madame de F.... ouverts pour le recevoir. Il n'en fut point ainsi ; la femme outragée fit taire en elle les transports renaissants de l'amante; elle reçut M. de Talleyrand avec cette froideur polie que l'on montre à un visiteur ordinaire. Le ton indifférent avec lequel l'auteur d'*Adèle de Sénanges* parla à l'enfant prodigue des amours n'offrit pas le moindre reflet d'une tendresse jadis très expansive. Il fallut bien que la vanité de Talleyrand se déclarât battue; mais ce ne fut pas sans retour. Lorsque les amis du soupirant éconduit lui rappelaient en riant cette déconvenue : « Rien n'est plus simple que cela, répon- « dait-il, c'est une forte crise de jalousie ; les femmes « n'en meurent pas, et cela n'a rien de dangereux pour « les hommes. » La suite prouva que M. de Talleyrand avait eu raison de parler ainsi ; madame de F.... revenue à lui, procura à cet amant le triomphe dont il n'avait pas désespéré un instant, et qui plus est, l'occasion d'une vengeance ; il en profita plus tard, ainsi que nous le verrons en son lieu.

Durant les quelques mois que M. de Talleyrand avait consacrés à l'observation, il parvint à s'assurer que le régime sanglant était bien passé, au moins pour le moment; il lui fut aisé de reconnaître même, par sa correspondance avec Barras, qu'une ère de corruption allait succéder à la Terreur, et que dans le pêle-mêle d'ambitions qui se formerait infailliblement autour d'un gouvernement corrompu, les intrigants seraient surtout ses élus. Or, M. de Talleyrand, voulant signaler son retour en France par de nouveaux témoignages d'habileté, sollicita des directeurs une mission secrète près de la cour de Berlin, alors en paix avec la République, et dont il paraissait important d'étudier l'esprit. Cette mission pouvait-elle s'appeler diplomatique? Nous ne le pensons pas, et dans l'impossibilité d'y attacher une désignation honnête, nous la laissons innommée. Pénétré lui-même du caractère équivoque de ses fonctions, l'agent français ne portait à Berlin que le nom de Maurice; mais il ne se lia pas moins avec des courtisans, avec des hommes d'État, et particulièrement ceux qui avaient le plus d'influence sur l'esprit du roi. Les dames de la cour se louaient autant de l'amabilité du citoyen Maurice, tout républicain qu'il se montrait, que les ministres et les conseillers de Sa Majesté se félicitaient d'entretenir journellement un homme aussi habile à raisonner des affaires de l'Europe. Enfin, il en raisonna tellement au goût du baron d'Haugwitz, ministre dirigeant, qu'il parvint à saisir, dans les confiantes communications de ce seigneur, les preuves positives du mauvais état des finances de la Prusse, et l'assurance que le cabinet de Berlin était décidé à garder la plus complète neutralité. La chronique secrète ajoutait que si, dans les entretiens que M. de Talleyrand avaitavec M. d'Haugwitz, du matin au soir, il était initié à beaucoup de choses, il n'en apprenait pas moins, du soir au matin, avec la comtesse de Lichtenau.

Il va sans dire que, pour amener la politique prussienne au point où M. de Talleyrand la voulait, il avait fallu promettre aussi quelque chose aux ministres : les promesses coûtent si peu en politique. Or, M. de Talleyrand s'était engagé, au nom du Directoire, à soutenir les prétentions du prince royal au titre de roi des Romains, lors de la prochaine élection. En tout ceci, le diplomate français n'avait rien fait qui ne pût être avoué; la politique eut de tout temps une conscience exceptionnelle. Mais le bruit courut alors, que, tout en

fréquentant les membres du conseil royal, le citoyen Maurice avait intrigué auprès des patriotes
prussiens. On allait jusqu'à dire qu'il avait conclu
avec eux un traité, en exécution duquel le conseil du
Luxembourg, à une époque donnée, concourrait à l'é-
tablissement d'une république prussienne. Cette accusation, car c'en était une véritable, n'a jamais été con-
firmée. Le résultat de la mission remplie à Berlin par le
diplomate français était d'ailleurs assez important
pour donner de l'éclat à son retour en France, et lui
ouvrir un accès facile auprès du Directoire exécutif.

Cependant ce négociateur ne reçut pas un accueil également favorable des cinq directeurs de
l'époque : Barras, toujours gentilhomme quoique
magistrat républicain, espéra faire de Talleyrand
un homme à lui, en vertu d'une communauté de
caste, et plus essentiellement en vertu d'une immoralité sympathique. La Réveillère-Lepaux, sur-
nommé le pape des théophilanthropes, ne douta pas
qu'un ancien évêque ne se fît très volontiers ministre de la secte dont il s'était déclaré le chef.
Rewbell, qui possédait la meilleure tête diplomatique du Directoire, reconnaissait dans M. de Talleyrand, une capacité de premier ordre pour les
négociations difficiles. Letourneur, ayant peu vu

l'ex-évêque d'Autun, dont on disait beaucoup de bien et beaucoup de mal, ne croyait que la moitié de l'un et de l'autre. Quant à Carnot, il se montrait décidément contraire au héros de cette histoire. Ce républicain sévère disait à Chénier :

« Talleyrand amène avec lui tous les vices de « l'ancien régime, sans qu'il ait pu prendre une « des vertus du nouveau. Il n'a aucun principe « arrêté ; il en change comme de linge ; il les prend « selon le vent du jour. Philosophe lorsque la phi- « losophie était de mode, républicain maintenant, « parce qu'il faut l'être aujourd'hui pour devenir « quelque chose, demain il proclamera la tyrannie, « si elle lui rapporte du profit : je n'en veux à au- « cun prix, et tant que je serai au timon des af- « faires, il ne sera rien. »

Cette menace ne fut point vaine : Barras, La Réveillère et Rewbell, ayant proposé à leur rigide collègue d'appeler M. de Talleyrand au maniement des affaires, Carnot leur opposa la résistance la plus vive, la plus opiniâtre ; ils n'osèrent insister. Madame de Staël ne voulait pourtant pas laisser son ouvrage imparfait. Talleyrand, rentré en France, suffisait à ses causeries du matin ou du soir, quand elle n'avait pas à causer avec Chénier ; mais pour satisfaire cette activité incessante qui était une partie essentielle de son existence, il lui fallait Talleyrand ministre, Talleyrand l'admettant au partage de ses combinaisons politiques. La fille de Necker avait une grande influence sur l'esprit de Barras, par une raison toute simple : la loquacité de cette dame était extrême, et le directeur, paresseux avec délices, lui laissait tous les honneurs des entretiens, tous les triomphes de la conviction, pour ne pas avoir la peine de la contredire. Néanmoins, et malgré toute son autorité sur l'esprit de Barras, elle ne put le décider à produire la candidature de M. de Talleyrand au premier portefeuille à donner. «Ce diable de Carnot « est une barre de fer, » répondait toujours le satrape du Luxembourg; « il n'y faut pas songer « pour le moment, nous verrons plus tard. »

Mais M. de Talleyrand n'était pas doué d'une patience espagnole; il n'avait jamais su attendre, et ce qu'il ne parvenait pas à enlever ouvertement, il fallait qu'il l'obtînt par subtilité. Reconnaissant qu'il ne pouvait entrer triomphalement au conseil du Directoire, il avisa aux moyens d'y parvenir à force d'intrigue, et Barras lui tendit la main. C'était le temps où ce directeur, par des motifs étrangers à cette histoire, tenait à faire conclure le mariage de ma-

dame veuve de Beauharnais avec le général Bonaparte.... Madame Tallien s'intéressait singulièrement à cette conclusion... M. de Talleyrand, soit
qu'il eût pénétré les raisons de Barras et de madame Tallien, soit que son activité se plût à une
négociation matrimoniale, en attendant mieux,
M. de Talleyrand entra dans les vues du directeur.
Bonaparte adorait la belle veuve; mais, pour des
motifs qui n'étaient peut être pas sans rapports avec
ceux de Barras, quoique d'une nature différente, le
mariage lui paraissait un lien bien sérieux. M. de
Talleyrand n'hésita pas à attaquer de front cet
obstacle. « Citoyen, dit-il au général, vous avez
« donné des preuves d'un ardent patriotisme; on
« vous reproche un peu d'exaltation, peut-être.
« Nous sommes maintenant plus modérés; vos ser-
« vices du 13 vendémiaire ne conviennent pas à
« tout le monde: ils ont une apparence de jaco-
« binisme dont il est bon de vous laver. Vous le
« ferez par des victoires : elles sont en France la
« seule réhabilitation admise; on ne vous verra
« plus que couronné de palmes.... Croyez-moi,
« prenez une femme qui vous apportera en dot de
« belles espérances, qu'il ne tiendra qu'à vous de
« réaliser. » On ne sait pas précisément combien

de jours Bonaparte réfléchit encore après ce conseil, suivi d'un avertissement assez clair; mais, comme il faut reconnaître qu'il existe des taches dans le soleil, on ne peut se dispenser de convenir que le résultat des réflexions du futur empereur ne fut pas une de ses déterminations héroïques.

A l'époque de cette histoire où nous sommes parvenus, M. de Talleyrand avait rencontré sur la route de sa fortune des obstacles, des déceptions; l'adversité s'était mêlée à plusieurs phases de sa vie; l'âge mûr lui apportait quelques avertissements, et lui faisait envisager sous un jour nouveau diverses choses qui avaient égaré sa jeunesse. Son caractère officiel se modifia. L'ambition, dont il écouta plus que jamais les inspirations, se montra en lui plus réservée; il devint plus grave, plus froid, plus méthodique. Sa physionomie, naguère encore gracieuse et souriante, se fit sérieuse ; sans avoir l'air de vous observer, il sut vous pénétrer. Un certain voile, étendu sur ses yeux, en amortissait le trait acéré et déguisait sa défiante pénétration. Mais ce que nous venons de nommer le caractère officiel de Talleyrand ne s'offrait, dans ses relations, que lorsqu'il avait à étudier les hommes ou les affaires. Or, la diplomatie n'étant pas pour lui une affaire, mais un simple jeu, il se garda bien de rien changer aux allures qu'il y apportait. Dans les conférences où les plus importantes questions politiques étaient agitées, on voyait quelquefois avec surprise ce négociateur s'abandonner à une insouciance distraite, à une légèreté badine, à un laisser-aller qui semblait ne s'attacher à rien pour obtenir l'épanchement de tout. Devant le tapis d'un conseil, ce politique si fin, si délié, paraissait se jouer des intérêts les plus graves, et ne reconnaître d'importance qu'aux bagatelles. Du reste, il parlait rarement et d'une manière brève; laissant toujours supposer quelque intention cachée... Cette tactique faisait mettre en campagne toutes les défiances rivales; on voulait à toute force comprendre ce que souvent il n'avait pas conçu, et dérouler une arrière-pensée qu'il laissait soupçonner sans qu'elle existât. Enfin, las de chercher le mot d'une énigme presque toujours imaginaire, les investigateurs revenaient à la franchise par l'embarras, et à l'abandon par le désespoir de la perspicacité.

Peut-être fut-ce à ce savoir-faire original et si propre à amorcer les imprudences diplomatiques, que M. de Talleyrand dut son immense succès dans toutes les négociations auxquelles il prit part. On sait combien les hommes gourmés fatiguent, combien ils jettent de teintes monotones sur des sujets déjà si arides par eux-mêmes; on recherchait M. de Talleyrand parce qu'il fleurissait la politique d'une collection de saillies et de bons mots. Lorsqu'il siégeait dans un congrès, les conférences se revêtaient, par une sorte d'entraînement, des formes de l'intimité communicative; tout le monde devenait expansif, et personne ne s'apercevait que lui seul ne l'était pas.

« On peut avoir autant d'esprit que M. de Tal-
« leyrand dans le propos, a dit la duchesse d'A-
« brantès, qui le connaissait bien; il est imposs ble
« d'en laisser percer davantage dans les réticences.
« Il y a toujours je ne sais quel sous-entendu pi-
« quant dans ce qui s'échappe de sa conversation;
« une épigramme a presque l'air d'être en même
« temps une confidence, et cet abandon, dont on
« sait qu'il reste le maître, captive au point qu'on
« croit devoir lui en savoir gré, comme d'une pré-
« férence, et lui en garder le secret, comme d'un
« mystère. On cherche à comparer M. de Talley-
« rand à quelque figure historique; c'est en
« vain, toutes les ressemblances demeurent incom-
« plètes, tous les parallèles impossibles. C'est un

« mélange de la fermeté de Richelieu, sachant
« prendre un parti ; de la finesse de Mazarin, sa-
« chant l'éluder ; de l'inquiétude, de la facilité fac-
« tieuse du cardinal de Retz, avec un peu de la
« galanterie magnifique du cardinal de Rohan. »

De toutes ces vertus cardinales, il serait difficile
de composer un caractère essentiellement moral ;
aussi n'était-ce point ce qu'il fallait chercher dans
M. de Talleyrand ; ce n'en était pas moins, ou plutôt c'était, par cette raison, le premier diplomate de
l'Europe.

Nous venons de voir M. de Talleyrand dans les
audiences qu'il donnait, puis dans les conférences
diplomatiques ; voyons-le maintenant au milieu
d'une société intime. Ce n'était plus le même homme :
là se retrouvait le causeur aimable, familier, caress-
sant ; on pouvait presque croire à sa franchise. Il se
faisait amusant pour qu'on l'amusât ; il portait des
défis à l'épicurisme, et conquérait ordinairement
les palmes de cette douce philosophie. Dans ces
petits cercles, M. de Talleyrand distillait pour ainsi
dire ses paroles. Il aimait le jeu, mais les cartes
n'absorbaient jamais son attention, et laissaient
toute la liberté à son esprit. Des parties auxquelles
il se trouvait, s'élevaient, comme de pétillantes

étincelles, les saillies les plus fines, quelquefois les plus malignes. Ainsi, M. de Talleyrand était assis un soir à une table de whist, lorsque derrière son fauteuil, on vint à parler d'une vieille femme titrée, qui épousait une sorte de valet… *A neuf, on ne compte plus les honneurs*, dit en ce moment le spirituel critique, qui ne paraissait occupé que de son jeu.

Nous avons vu que M. de Talleyrand s'avançait lentement dans le chemin de la fortune depuis son retour en France; mais il ne tarda pas à reconnaître que la droite ligne ne serait pas pour lui la plus courte; il chercha les détours et les rencontra. Il vit qu'indépendamment de la cause du gouvernement républicain, deux chances d'exploitation s'offraient à lui : les espérances persistantes du comte de Provence, et l'ambition de Bonaparte, qui déjà se dessinait nettement sur un massif de lauriers moissonnés par lui. Le futur Louis XVIII était à Blankembourg, d'ou il s'efforçait, non sans quelque succès, de former en France un parti; on a dit que M. de Talleyrand fit alors savoir au prince qu'il était prêt à le servir. En temps de révolution les scrupules sont des niaiseries : si les agents du prétendant, trop indignés de cette vérité peu morale, mais irréfragable, repoussèrent les offres

du seul homme peut-être qui pût leur être vraiment
utile, ce furent des niais. Mais nous sommes fortement porté à croire que les offres vinrent de Blankembourg. Dans ce cas, M. de Talleyrand dut
peser attentivement les probabilités de succès d'une
conspiration royaliste, et les ayant trouvées trop
légères, en faire au Directoire un hommage utile.
Néanmoins diverses accusations furent dirigées
contre l'ex-évêque d'Autun, au sujet de ses intelligences avec les agents du comte de Provence. Il
se crut obligé de publier une lettre justificative, qui
fut mal accueillie, parce qu'elle ne parut pas l'expression franche de sa conduite, et qu'on le trouva trop
nouvellement amnistié pour accuser comme il le
faisait en se justifiant. « J'ignore, disait-il, plus
« que personne au monde, et les partis et leurs
« projets, et ceux qui les conduisent et ceux qui
« en profitent. Mes vœux bien prononcés se sont
« dirigés et se dirigent constamment vers le bon-
« heur et la gloire de la République française. Des
« faits positifs m'ont indiqué dernièrement deux
« factions qui aspirent à la détruire, et s'il en
« existe une troisième, travaillée du même désir,
« elle mérite une semblable proscription. Mais il
« me semble prouvé jusqu'à présent qu'on se plaît

« à faire revivre la logique de Robespierre, pour
« frapper, par un nom qui dispense de toutes
« preuves, les hommes à qui l'on veut nuire, et
« pour diviser ceux de qui l'on redoute l'union.
« Dans l'impuissance où ils sont d'obscurcir tant
« de gloire, pardonnons-leur d'injurier ceux à qui
« elle apporte tant de bonheur et tant d'espé-
« rance. »

Le règne relâché et corrompu du Directoire
faisait germer tant de factions, ou plutôt tant de
nuances de factions, qu'il est difficile de décider
vers lesquelles M. de Talleyrand dirigeait ses accusations; mais il est facile de reconnaître que ses
flexibles opinions s'attachaient déjà à la fortune de
Bonaparte. Chénier, qui s'était employé au rappel
de celui qu'il avait classé glorieusement parmi les
fondateurs de la liberté, Chénier se déclara contre lui.
« La lettre de l'abbé Maurice, disait le poète tragique
« à ses amis, me prouve qu'après avoir été anar-
« chiste, orléaniste, et n'ayant pu être robespier-
« riste, parce que Maximilien n'a pas voulu de lui,
« il se fait directoriste, en attendant d'être ce que
« le pouvoir sera un peu plus tard. Ce *boiteux*
« (ce n'était pas ce mot-là), sans respect pour
« l'épiscopat, est semblable à une éponge qui s'im-

« bibe de toutes les liqueurs dans lesquelles on la
« trempe, avec cette différence que l'éponge pressée
« rend ce qu'on lui confie, et qu'ici tout sera de
« bonne prise pour Talleyrand. Le voilà de re-
« tour d'hier, et il propose des proscriptions pour
« demain; ce philosophe veut des moyens ex-
« trêmes : il est au diapason du Directoire; mais
« si le Directoire voulait du sang, prenez garde à
« votre tête, Maurice ne la lui refuserait pas »

Pour tous ceux qui ont connu M. de Talleyrand,
il y a beaucoup d'exagération dans la virulente
sortie de Chénier. Il est bien vrai qu'à l'exemple de Fouché, l'homme dont nous traçons l'histoire était toujours prêt à mettre son pied dans
le soulier de tout le monde, selon l'expression de
l'empereur Napoléon; mais cette versatilité n'allait
pas jusqu'à favoriser les systèmes sanguinaires.
D'un autre côté, il n'était point exact de dire que
Robespierre eût repoussé l'ex-évêque d'Autun; on
se rappelle que ce chef des Montagnards faisait
partie du comité républicain qui lui confia, lors de
son départ pour l'Angleterre, la mission dont nous
avons rapporté les principales instructions. C'est
dans une série de ressentiments autrement moti-
vés qu'il convient de chercher la cause de l'ani-

mosité que l'auteur de Charles IX exhalait contre
l'ami qu'il avait fait rappeler de l'exil. Cette cause,
il faut bien l'avouer, était infiniment moins noble
que le sentiment des vrais intérêts de la patrie.
Nous avons mentionné ailleurs le goût très prononcé que madame de Stael montrait pour les causeries du matin ou du soir : Chénier avait été un
de ses interlocuteurs préférés; un peu plus tard,
elle se souvint du charme, toujours piquant, toujours varié, que M. de Talleyrand, alors exilé, savait
répandre dans une conversation intime ; Chénier,
sans défiance, fit rappeler le causeur aimable. Ce
fut une faute : faute que commettront toujours les
hommes supérieurs, fort peu disposés en général à
penser que d'autres puissent leur être préférés...
Les hommes supérieurs sont en cela bien abusés...
S'ils savaient à quoi, le plus souvent, tient la préférence des femmes !

On devine maintenant ce qui rendait Chénier si
hostile à M. de Talleyrand. Celui-ci, heureusement
plus philosophe que poète, savait prendre tout autrement les choses : il ne pouvait douter depuis
quelque temps que Benjamin Constant ne le sup-
plantât auprès de madame de Staël, et loin de dé-
crier ce publiciste distingué, il se lia avec lui...

« C'est un homme de l'avenir, se disait-il à lui-même. » Ce fut Benjamin Constant qui fit admettre M. de Talleyrand au cercle constitutionnel, qui se réunissait à l'hôtel de Salm ; souvent il y prenait la parole et toujours à la louange du Directoire. Nous le répétons, ne pouvant parvenir dans le cabinet du Luxembourg par la porte principale, il s'en approchait tout doucement par les détours.

La gloire, à une époque où ses titres étaient encore comptés pour quelque chose, était un beau guide sur les chemins de la fortune : Bonaparte le prouvait tous les jours en prenant avec le Directoire un ton de plus en plus impérieux, et qui souvent était l'expression d'une entière indépendance. M. de Talleyrand comprenait bien le prix de la gloire ; seulement il ne se trouvait pas dans une sphère d'action qui pût lui procurer des triomphes militrires. Mais il ne croît pas des lauriers que sur les champs de bataille ; on peut en moissonner qui coûtent moins cher à l'humanité dans la carrière des lettres : Charles-Maurice aspira à ceux-là. Présenté à l'Institut national par des amis serviables, qui firent valoir ses travaux à l'Assemblée constituante, et érigèrent en œuvres littéraires ses motions et ses rapports, il fut admis presque à l'unanimité dans la classe des *Sciences morales et politiques*. Il serait quelque peu hasardeux de dire que M. de Talley-rand méritât une telle distinction sous le double rapport que signale la désignation de cette classe... Sans nul doute, l'agent français à Londres en 1792, et à Berlin en 1795, avait fait ses preuves d'habileté *politique*... Mais les qualités *morales*, telles qu'on devait les entendre à l'Institut!... apparemment on y admettait des dispenses. Or, ce qu'on ne peut produire dans ses mœurs, on s'efforce de le peindre à l'aide de la plume : M. de Talleyrand, qui avait été élu secrétaire de la classe des Sciences morales et politiques peu de temps après son admission, lut en public un rapport sur les travaux de cette classe. Ce rapport produisit une vive sensation par la netteté des aperçus, la justesse et l'élégance des appréciations. Ce n'était point, à proprement parler, le style académique : M. de Talleyrand avait dédaigné les périodes admiratives qui en sont l'âme. Il démontrait, avec un goût exquis et une parfaite lucidité, les avantages de la liberté et son influence sur le progrès des connaissances humaines. Partisan chaleureux du système d'élection, il proclamait sa supériorité dans un gouvernement républicain, et flétrissant l'hérédité,

il la présentait comme inconciliable avec les améliorations que la société réclame sans cesse. « L'his-
« toire de tous les temps, disait-il, a assez fait
« connaître que les vertus éminentes et les grands
« talents ne se transmettent point de génération en
« génération. »

Quelque temps après, le *Moniteur* reproduisit en
partie un Mémoire sur les *relations commerciales
des Etats-Unis*, que M. de Talleyrand avait lu à
l'Institut. L'auteur décrivait avec une verve qui
s'élevait quelquefois jusqu'à la poésie, toutes les
nuances qui séparent la vie civilisée de la vie sauvage. Il ne serait pas surprenant que Cooper lui-
même eût puisé dans ce travail le tableau des
mœurs du Pionnier américain, qu'il a si heureusement encadré dans plusieurs de ses romans.

Les succès littéraires flattaient sans doute l'a-
mour-propre du diplomate ; mais ce n'était pas par
eux qu'il se proposait de recommander son nom :
les gloires stériles n'avaient jamais excité ses con-
voitises. Toutefois, il considérait les triomphes
qu'il obtenait à l'Institut comme un moyen de plus
pour rentrer avec éclat dans la carrière politique.
Nous avons vu que l'opposition unique, mais violente, mais persévérante de Carnot, avait jusqu'a-

lors repoussé la candidature de Talleyrand, toutes les fois qu'elle avait été présentée. Enfin, le 30 messidor (18 juillet 1797), le candidat tant de fois refusé l'emporta de haute lutte sur son antagoniste obstiné. « Eh ! quoi, » s'écria Carnot dans un état d'exaltation indicible, « ce prestolet, ce « finaud qui nous vendra tous en pleine foire les « uns après les autres, pour peu qu'il y trouve « son profit ! — Eh ! qui a-t-il déjà vendu ? de- « manda La Réveillère. — Qui ? reprit Carnot, « son Dieu, d'abord. — Il n'y croyait pas. — » Pourquoi le servait-il ? Ensuite il a vendu son « ordre. — Preuve de philosophie. — D'ambition, « plutôt. Enfin il a vendu son roi. — Mais il me « semble que ce n'est pas à nous de lui en faire un « reproche. — Ecoute, La Réveillère, compare- « moi au diable, j'en rirai ; mais je me fâcherai si « tu me mets en parallèle avec cet homme-là. »

A ce point de la discussion, Barras, s'inspirant des conseils de la raison, assez rarement consultée par lui, vint au secours de La Réveillère : « Il faut, « dans de certaines circonstances, dit-il, savoir sa- « crifier ses préventions personnelles ; le citoyen Tal- « leyrand a des connaissances très étendues dans « le monde diplomatique ; son concours sera bien

« accueilli à l'étranger; sa nomination au ministère
« des relations extérieures est une nécessité politi-
« que. » Carnot voulut résister encore; mais la
majorité, cette dernière raison des corps délibérants,
non moins funeste quelquefois que celle des rois,
articulée par la bouche du canon, la majorité, com-
posée de Barras, La Réveillère et Rewbell, l'emporta sur l'opposition du patriote puritain Carnot,
faiblement soutenu par le royaliste Barthélemy.

M. de Talleyrand remplaça donc Charles Dela-
croix au ministère des relations extérieures.

Au moment où le portefeuille des affaires étrangères, comme on avait dit jadis, et comme on a dit
depuis par une locution vicieuse, fut remis dans
les mains habiles du négociateur de Berlin, les circonstances étaient critiques; trois conspirations
croisaient leurs intrigues dans la carrière politique :
le jacobinisme s'efforçait de ranimer ses brandons;
les constitutionnels de 91 essayaient de renouer les
fils rompus de leur trame, en faveur d'une maison
princière, dont le chef n'avait pas su se faire
roi; enfin, les royalistes purs, sous le nom de
Clichiens, étaient parvenus à former un parti d'autant plus redoutable qu'il avait exercé plus d'influence durant les élections. Cette faction comptait

non-seulement des adhérents, mais des complices dans les deux conseils et dans le Directoire même, car Barthélemy lui était dévoué. Or, on n'a point oublié que ce directeur, par un tout autre motif que celui du patriote Carnot, s'était montré, faiblement il est vrai, opposé à la nomination du nouveau ministre des relations extérieures. Le moment des représailles était venu ; il ne fut pas difficile à M. de Talleyrand de faire comprendre à Barras, La Réveillère et Rewbell, qu'un royaliste ne pouvait rester au pouvoir, lorsqu'un coup d'Etat était préparé contre le parti qu'il protégeait secrètement. Quant à Carnot, il était tout aussi facile de le peindre comme le centre des espérances du jacobinisme, qui, pour nous servir d'une expression du temps, relevait sa tête altière; l'expulsion du républicain énergique et sincère fut décidée. Telles furent les raisons habilement invoquées par M. de Talleyrand pour réunir, dans une disgrâce commune, deux hommes d'opinions essentiellement diverses.

On sait comment le Directoire triompha au 18 fructidor, mais triompha par l'épée de Bonaparte, remise pour ce coup de main au général Augereau. M. de Talleyrand fut le premier à voir que le règne du vainqueur de Lodi et d'Arcole était dès lors

commencé; dès lors aussi, il s'attacha à sa fortune, et mit tous ses soins à en féconder le germe
puissant. Une correspondance active s'établit entre
le ministre et le général en chef: il lui écrivait en
lui envoyant la proclamation du Directoire, après
le 18 fructidor : « Vous lirez, dans cette proclama-
« tion, qu'une conspiration véritable et toute au
« profit de la royauté se tramait depuis longtemps
« contre la Constitution ; déjà même elle ne se dé-
« déguisait plus; elle était devenue visible pour
« les yeux les plus indifférents ; le mot patriote
« était devenu une injure ; toutes les institutions
« républicaines étaient avilies ; les ennemis les plus
« irréconciliables de la France accouraient en
« foule dans son sein, et y étaient accueillis, ho-
« norés. Un fanatisme hypocrite nous avait tout
« à coup transportés au seizième siècle ; la divi-
« sion était au Directoire. Dans le corps législatif
« siégeaient des hommes véritablement élus d'a-
« près les instructions du prétendant, et dont les
« motions espiraient le royalisme. Le Directoire,
« fort de toutes ces circonstances, a fait saisir les
« conjurés, pour confondre à la fois les espérances
« et les calomnies de ceux qui auraient tant désiré
« et qui méditaient la ruine de cette constitution.

« Une mort prompte a été prononcée contre quicon-
« que rappellerait la constitution de 93 ou d'Or-
« léans. »

Ce tableau, vrai dans presque tous ses détails,
en initiant le jeune et audacieux général en chef à
toutes les faiblesses du régime directorial, qu'on
avait osé attaquer de tant de côtés, offrait à ses
méditations une carrière où son ambition pouvait
se jalonner avec quelque assurance. Et comme si
le ministre eût craint que son glorieux correspondant ne mît pas assez à profit ses avis, il l'accablait
des éloges les plus immodérés. « Voilà donc la paix
« faite, lui écrivait-il après le traité de Campo-
« Formio... et une paix à la Bonaparte. Recevez-
« en mon compliment de cœur, général. Les ex-
« pressions manquent pour vous dire tout ce qu'on
« voudrait en ce moment. Le Directoire est con-
« tent, le public enchanté, tout est au mieux. On
« aura peut-être quelques criailleries d'Italiens;
« mais c'est égal. Adieu, général pacificateur,
« adieu... Amitié, admiration, respect, reconnais-
« sance... On ne sait où arrêter cette énuméra-
« tion. »

Le 11 décembre 1797, ce fut M. de Talleyrand
qui eut la gloire de présenter au Directoire, dans

une solennité dessinée à l'antique par David, le vainqueur de l'Autriche et le négociateur impérieux de Campo-Formio... Ce jour-là l'estrade dressée dans la grande cour du Luxembourg fut le premier degré du trône auquel Napoléon devait monter sept ans plus tard, jour pour jour (11 décembre 1804.) Existerait-il des dates fatidiques ? on serait tenté de le croire. Bonaparte, présenté par le ministre de la guerre, eût trop révélé le général dépendant ; présenté par le ministre des relations extérieures, c'était le pacificateur de l'Europe qui s'offrait à des hommes assez fiers de se croire à peine ses égaux. Le discours que M. de Talleyrand prononça dans cette circonstance était un chef-d'œuvre de souplesse, où l'éloge fleurissait avec tant d'art, les avertissements, les points de vue critiques et même le blâme, que la combinaison entière ne semblait toucher aux amours-propres que pour les flatter. Nous croirions frustrer nos lecteurs en ne reproduisant pas ce discours tout entier. Le voici :

« Citoyens Directeurs, j'ai l'honneur de présenter au Directoire exécutif le citoyen Bonaparte, qui apporte la ratification du traité de paix conclu avec l'empereur.

« En nous apportant ce gage certain de la paix,

« il nous rappelle malgré lui les innombrables mer-
« veilles qui ont amené un si grand événement.
« Mais qu'il se rassure, je veux bien taire en ce
« jour tout ce qui fera l'honneur et l'admiration de
« la postérité ; je veux même ajouter, pour satis-
« faire à ses vœux impatients, que cette gloire, qui
« jette sur la France entière un si grand éclat,
« appartient à la Révolution. Sans elle, en effet, le
« génie du vainqueur de l'Italie eût langui dans de
« vulgaires honneurs. Elle appartient au gouver-
» nement qui, né comme lui de la grande muta-
« tion qui a signalé la fin du dix-huitième siècle, a
« su deviner Bonaparte et le fortifier de toute sa
« confiance. Elle appartient encore à ces valeureux
« soldats dont la liberté a fait d'invincibles héros.
« Elle appartient enfin à tous les Français dignes
« de ce nom; car c'était aussi, n'en doutons pas,
« pour conquérir leur amour et leur vertueuse
« estime qu'il se sentait pressé de vaincre; et ces
« cris de joie des vrais patriotes, à la nouvelle d'une
« victoire, reportés vers Bonaparte, devenaient les
« garants d'une victoire nouvelle. Ainsi tous les
« Français ont vaincu en Bonaparte; ainsi sa
« gloire est la propriété de tous; ainsi il n'est aucun
« républicain qui n'en puisse revendiquer sa part.

« Il est bien vrai qu'il faudra lui laisser ce coup
« d'œil qui dérobait tout au hasard, et cette pré-
« voyance qui le rendait maître de l'avenir; et ces
« soudaines inspirations qui déconcertaient, par
« des ressources inespérées, les plus savantes com-
« binaisons de l'ennemi; et cet art de ranimer en
« un instant les courages ébranlés, sans que lui
« perdît rien de son sang-froid; et ces traits d'une
« audace sublime qui nous faisaient frémir encore
« pour ses jours longtemps après qu'il avait vaincu;
« et cet héroïsme si nouveau, qui plus d'une fois a
« fait mettre un frein à la victoire alors qu'elle lui
« promettait ses plus belles palmes triomphales.
« Tout cela sans doute était à lui; mais cela encore
« était l'ouvrage de cet amour insatiable de la
« patrie et de l'humanité; et c'est à un fond tou-
« jours ouvert, que les belles actions, loin de l'épui-
« ser, remplissent chaque jour davantage, et d'où
« chacun pourra tirer des ressources de vertu, de
« grandeur véritable et de magnanimité.

« On doit remarquer, et peut-être avec quelque
« surprise, tous mes efforts en ce moment pour expli-
« quer, pour atténuer presque la gloire de Bonaparte;
« il ne s'en offensera pas... Le dirai-je, j'ai craint
« un instant pour lui cette ombrageuse inquiétude

« qui, dans une république naissante, s'alarme de
« tout ce qui peut porter une atteinte quelconque à
« l'égalité; mais je m'abusais; la grandeur per-
« sonnelle, loin de blesser l'égalité, en est le plus
« beau triomphe; et, dans cette journée même, les
« républicains français doivent se trouver plus
« grands.

« Et quand je pense à tout ce qu'il fait pour se
« faire pardonner cette gloire, à ce goût antique de
« la simplicité qui le distingue, à son amour pour
« les sciences abstraites, à ses lectures favorites, à
« ce sublime *Ossian*, qui semble le détacher de la
« terre quand personne n'ignore son mépris pro-
« fond pour l'éclat, pour le luxe, pour le faste, ces
« méprisables ambitions des âmes communes; ah !
« loin de redouter ce qu'on voudrait appeler son
« ambition, je sens qu'il nous faudra peut-être le
« solliciter un jour pour l'arracher aux douceurs de
« sa studieuse retraite. La France entière sera libre;
« peut-être lui ne le sera jamais, telle est sa desti-
« née. — Dans ce moment un nouvel ennemi l'ap-
« pelle; il est célèbre par sa haine profonde pour
« les Français et par son insolente tyrannie envers
« tous les peuples de la terre. Que, par le génie de
« Bonaparte, il expie promptement l'une et l'autre,

« et qu'enfin une paix digne de toute la gloire de la
« république soit imposée à ces tyrans des mers;
« qu'elle venge la France et qu'elle rassure le
« monde.

« Mais, entraîné par le plaisir de parler de vous,
« général, je m'aperçois trop tard que le public im-
« mense qui nous entoure est impatient de vous
« entendre; et vous aussi devez me reprocher de
« retarder le plaisir que vous aurez à écouter celui
« qui a le droit de vous parler au nom de la France
« entière, et la douceur de vous parler encore au
« nom d'une ancienne amitié. »

Assurément ce n'est point par la splendeur du
style que brille ce discours, et ceux qui l'entendirent
eurent raison d'en être peu satisfaits comme œuvre
d'éloquence. A une époque où les grands éclats
de la tribune étaient encore dans tous les souvenirs,
l'atticisme fin, délié, subtil, mais pâle d'une parole
d'ailleurs au-dessous de la grande solennité que
l'on célébrait, ne pouvait satisfaire un public rempli
d'enthousiasme pour le héros du jour. Cet échec,
ou plutôt cette tactique incomprise, ramena certaines assertions plusieurs fois reproduites, et qui
avaient profondément affecté M. de Talleyrand. On
se plut à répéter que les discours si remarqua-

bles prononcés à l'Assemblée constituante par l'évêque d'Autun n'étaient point de lui, mais d'un ancien chanoine appelé Laubry; qu'à la mort de celui-ci il avait eu pour successeur l'abbé Desrenaudes, et que toutes les fois que le prélat si brillamment renommé pour sa carrière législative avait été pris à l'improviste, les grands moyens dont on le croyait pourvu s'étaient trouvés en défaut. La faiblesse oratoire du discours prononcé le 11 décembre 1797 venait malheureusement appuyer ces dires malveillants, que nous n'acceptons point, au moins dans le sens absolu qu'on y attache; seulement nous pensons qu'il est juste de reconnaître que les mouvements héroïques de la pensée, les élans magnanimes de l'âme n'étaient pas familiers à M. de Talleyrand : il accordait trop à l'esprit pour accorder assez au sentiment, et son organisation n'eût pu suffire à ces grandes passions qui tonnent comme la foudre. Le dépit, la malice, l'ironie, toutes ces sensations feux follets qui semblent naître sous notre épiderme pour ne pas pénétrer au-delà de l'épiderme d'autrui, telles étaient les armes que M. de Talleyrand maniait avec autant de grâce que de légéreté. Pour nous, qui trouvons dans le discours tant critiqué de 1797 une étude,

8

sinon profonde, du moins très juste de la circonstance et des hommes qui la dominaient, nous
croyons qu'il avait été sagement médité. Il se trouvait une leçon jusque dans ce passage : « Ah !
« loin de redouter ce qu'on voudrait appeler son
« ambition, je sens qu'il nous faudra peut-être le
« solliciter un jour pour l'arracher aux douceurs
« de sa studieuse retraite. » L'orateur ne croyait
nullement à la vocation de retraite de Bonaparte,
et personne ne savait mieux que M. de Talleyrand
qu'il n'existait pour le général qu'un genre d'étude,
celle des événements, afin de saisir l'occasion de
s'en rendre maître. Le ministre des relations extérieures avait donc uniquement en vue, dans ce
passage si peu prophétique de son discours, d'apprendre au vainqueur d'Italie que son ambition
était redoutée, et qu'il devait la contenir.

Du reste, Napoléon comprenait que l'heure de sa
puissance n'était pas arrivée : la république était
trop jeune encore pour ne pas s'indigner d'un
frein ; il fallait attendre qu'harassée par les partis,
déchirée par la guerre civile, menacée du joug
étranger, elle demandât une volonté puissante pour
la guider et une épée redoutable pour la défendre.
Bonaparte accepta le commandement de l'armée

d'Égypte. Mais voici un épisode historique qui précéda son départ.

Le Directoire exécutif, qui s'était donné bien des immunités de républicanisme, n'avait pas osé supprimer le hideux anniversaire du 21 janvier 1793, institué par la Terreur. Nous devons avouer qu'il le célébrait avec répugnance, avec chagrin même; et c'était précisément pour cela qu'il tenait à ce que l'homme vers lequel tous les regards étaient tournés prît, dans cette circonstance, sa part de honteuse responsabilité. M. de Talleyrand, dont les lèvres savaient au besoin distiller le miel nestorien, fut chargé de pressentir le général Bonaparte. «Le « Directoire, lui dit-il après les plus sinueuses « préparations, le Directoire désire ardemment « que vous assistiez à la cérémonie. — Comment, « s'écria Bonaparte, est-ce que l'on prétendrait me « rendre solidaire de la mort de Louis XVI? Ar- « rière! arrière! je ne veux pas assister à une « fête de cannibales. — Vous comprenez bien, « général, qu'à certains égards je pense comme « vous; mais cette solennité à un but politique; et « d'ailleurs, dans tous les pays du monde, on s'est « toujours réjoui de la mort des tyrans. Vous êtes « catholique, peut-être? — Sans aucun doute. —

« Et pourtant vous suivriez un sultan turc dans
« une mosquée. — Oui, si j'étais à sa solde, parce
« qu'alors j'accomplirais un devoir. — Eh bien !
« vous êtes précisément dans ce cas ; n'examinons
« donc pas si c'est à tort ou à raison que la France
« célèbre l'anniversaire de la mort de Louis XVI ;
« il suffit qu'elle ait fait du 21 janvier un jour fé-
« rié, pour que vous deviez vous décider, puisque
« vous êtes à la solde de la France. — Non, ci-
« toyen ministre, je n'adopte point de pareils rai-
« sonnements ; je ne veux pas souiller ma gloire. »
Et Bonaparte, impatienté d'une persistance qui lui
semblait monstrueuse, tourna le dos au ministre.
Celui-ci n'en revint pas moins dix fois à la charge ;
quoique toujours repoussé, il ne se lassait point.
Il est douteux cependant qu'il eût convaincu le général, si la réflexion n'eût montré à ce dernier l'i-
solement dans lequel il se plaçait en refusant d'assister à une cérémonie où tous les autres chefs de
l'armée paraîtraient. Il céda ; mais, seul parmi les
généraux, il n'exposa point ses glorieuses épau-
lettes dans une solennité dont il abhorrait l'idée.
L'illustre vainqueur d'Alvinzy, de Wurmser et du
prince Charles se cacha dans le groupe des membres
de l'Institut, dont il avait revêtu l'habit.

Lorsque Bonaparte fut parti pour l'Égypte, M. de Talleyrand eut à traverser une époque difficile. Le traité de Campo-Formio avait terminé la guerre, non les conventions entre les puissances naguère belligérantes ; un congrès était ouvert à Rastadt. On devait en outre y poser les bases d'une pacification générale ; mais l'Angleterre était bien éloignée de vouloir accepter les conditions, même les plus favorables, qui pourraient lui être offertes. Seulement, et pour simuler des intentions pacifiques qu'il n'avait pas, le cabinet de Saint-James s'était prêté à des conférences ouvertes à Lille, et durant lesquelles on ne s'entendit pas un instant. Dans le temps même de ces conférences, Pitt excitait tous les cabinets de l'Europe contre la république ; s'efforçant de leur faire comprendre qu'en l'absence de son meilleur général, la France succomberait infailliblement dans une nouvelle guerre continentale. A cette époque, M. de Talleyrand se voyait en butte aux dénonciations de tous les partis : c'était parmi les hommes dont les opinions étaient les plus opposées, un concert de malédictions dirigées contre le pauvre diplomate. Discrédité au Directoire, où Sieyès venait d'entrer, faiblement soutenu par Barras, il devait cependant faire face aux nécessités impérieuses que lui commandait la situation imminente du pays, menacé de toutes parts. Le congrès de Rastadt venait de se dissoudre : un crime jusqu'alors sans exemple en avait marqué la rupture, dans le lâche assassinat des plénipotentiaires français Bonnier, Roberjot et Jean de Bry. M. de Talleyrand fit tête à l'orage assez longtemps avec une stoïcité vraiment digne d'éloges. Le matin, plusieurs feuilles publiques l'attaquaient d'une manière virulente, et le soir on dansait à l'hôtel des relations extérieures, où se réunissait l'élite de la société du temps. Sans doute le ministre ne figurait ni dans les quadrilles ni dans les gavottes, et l'on sait pourquoi; mais il tenait ses salons avec un calme parfait. Nul ne voyait sur son visage les traces d'une simple contrariété.

Toutefois, la figure sereine et souriante du ministre aux feux des lustres, se couvrait de nuages dès qu'il était rentré dans la solitude de son appartement intérieur. Pour la seconde fois, au mois de messidor an VII, il donna sa démission, déclarant au Directoire qu'il était las de combattre les passions haineuses déchaînées contre lui. Cette démission, refusée précédemment, fut acceptée cette fois; mais avec des témoignages de regret et de grati-

tude qui devaient éloigner toute idée de disgrâce.
« Le Directoire, était-il dit dans la lettre qu'on lui
« écrivait, regarde comme un acte de justice de
« vous témoigner à cette occasion combien il a été
« satisfait du zèle constant, du civisme et des lu-
« mières que vous avez apportés, tant dans les
« fonctions de votre ministère que dans celles du
« ministère de la marine, qui vous avait été mo-
« mentanément confié. Le Directoire vous invite
« néanmoins à continuer le travail des relations
« extérieures jusqu'à l'arrivée de votre successeur;
« il ne doute pas que vous n'y apportiez le même
« zèle. »

Malgré ce témoignage, M. de Talleyrand eut
encore à se défendre de nouvelles attaques, et ce
fut dans cette circonstance qu'il publia des *Éclair-
cissements* où toute sa carrière politique était livrée,
non sans quelque restrictions, à l'examen d'une
justice impartiale, vainement invoquée.

On se lasse de tout, même de médire et [de calomnier, quoique la passion qui préside aux mauvais offices rendus à autrui soit vivace et persistante. L'orage qui avait grondé en messidor an VII
sur la tête de M. de Talleyrand finit par se dissi-
per. Lorsqu'on veut perdre un homme, on accu-

mule sur lui tous les genres d'accusations, sans trop s'inquiéter des contradictions qui peuvent ressortir des griefs qu'on lui impute. Ainsi, dans les charges qui avaient pesé sur M. de Talleyrand, on le présentait tout à la fois comme trahissant la république au nom du prétendant, dans l'intérêt de l'Angleterre, au profit des renaissantes espérances du jacobinisme, enfin en préparant la dictature de Bonaparte. Parmi tant d'imputations calomnieuses, il pouvait s'être produit une vérité; la suite des événements parut au moins autoriser à le croire. Nous avons vu M. de Talleyrand conseiller avec intérêt, avec une sorte de sollicitude, le général Bonaparte; puis il s'est pris à observer son étoile, qui s'élevait radieuse en Italie. Au retour du vainqueur, il s'est appliqué à grandir encore la renommée de ses exploits; il l'a presque divinisé en présence du Directoire, que ce panégyrique sans mesure reléguait au second rang des puissances de la république. Avant la campagne d'Égypte, le général en chef et M. de Talleyrand se sont vus souvent, soit rue du Bac, soit rue Chantereine, et ces entrevues ont été secrètes, quasi mystérieuses. Il n'y avait donc pas calomnie à dire que, depuis l'an VI, M. de Talleyrand, après avoir étudié avec sa sagacité ordinaire la fortune du jeune général, avait reconnu qu'à une époque peu éloignée elle deviendrait dominatrice, et rencontrerait peu d'obstacles au milieu des dilapidations incessantes, des désordres scandaleux et des agitations de partis qui précipitaient la ruine de la République.

Or, le général en chef de l'armée d'Égypte débarqua à Fréjus le 17 vendémiaire an VIII; huit jours après seulement il était à Paris. Nous avons entendu, de la bouche d'un officier qui accompagnait alors Bonaparte, cette circonstance peu connue sans doute : au moment où le général posait le pied sur la terre de Provence, on lui remit une lettre divulguée plus tard, et qui contenait ce peu de mots :

« Ne vous pressez pas, voyagez à petites jour-
« nées; laissez-vous désirer. Les embarras sans
« nombre qui nous envahissent de toutes parts
« enverront bientôt au-devant de vous toutes les
« inquiétudes et toutes les espérances : c'est avec
« ce cortége que vous devez rentrer à Paris. » —
« Je n'ai point vu la signature de cette lettre, nous disait l'officier, mais elle passa généralement au quartier-général pour être de Talleyrand. »

Le soir de son arrivée, le général en chef ayant couché dans son hôtel de la rue Chantereine, Chaussée d'Antin, à ce nom fut substitué, durant la nuit, celui de *rue de la Victoire*. On assure que M. de Talleyrand était l'auteur de cette galanterie, à laquelle, sans doute, il attacha quelque importance.

Les intrigues qui amenèrent la révolution du 18 brumaire n'appartiennent point à notre sujet; nous suivrons seulement, à travers cette trame compliquée, le fil tenu par M. de Talleyrand.

L'ex-ministre des relations extérieures était, plus qu'à toute autre époque de sa carrière politique, en position d'agir sans beaucoup de façons à l'égard du Directoire. Néanmoins il crut devoir garder quelques ménagements envers un pouvoir qui l'avait congédié avec un compliment. Depuis le retour de Bonaparte, M. de Talleyrand continua de paraître assidûement aux cercles du Luxembourg; mais il ne consacrait qu'une moitié de sa soirée à cette courtoisie, espèce de devoir funèbre rendu à une puissance déjà morte dans son opinion. Le surplus de la veillée du subtil politique était passé avec Rœderer, Fouché, l'amiral Brueys, Macdonald, Jourdan et Bernadotte, mécontents du jour, à divers titres. Aussi M. de Talleyrand observait-il les partis chaque soir; et chaque matin, de très bonne heure, il rendait visite à Bonaparte, dans ce petit hôtel d'où la plus grande fortune des temps modernes devait bientôt prendre son essor.

Quelquefois aussi l'ex-ministre voyait madame de Staël le matin. Il conservait pour elle une de ces affections respectables qui viennent s'asseoir dans le cœur sur les cendres d'une passion consumée. Quelques jours avant le 18 brumaire, il entra chez l'ambassadrice de Suède, afin de la prévenir charitablement des événements qui se préparaient, et que, malgré sa vive pénétration, elle ne prévoyait nullement. Voici ce qu'on racontait, dans les temps, de cette entrevue : nous répétons, nous ne garantissons pas.

Madame de Staël elle-même offrit à M. de Talleyrand l'occasion de s'ouvrir à elle sur le mouvement qui se préparait, en lui conseillant de se rattacher plus intimement à la majorité du Directoire. « Est-ce qu'il y a encore un Directoire ? répondit l'homme d'État en non activité. — Qu'entendez-vous par là ? s'écria madame de Staël en se soulevant sur son lit, près duquel l'ancien ami était souvent admis ; est-ce que la France n'a pas un gouvernement? — Je vois cinq personnages logés, nourris, chauffés, habillés et rasés aux frais de l'État, et se pavanant encore au Luxembourg en costume de théâtre, toujours aux frais de l'État; mais pour retrouver là ce qui doit être le pouvoir exécutif, cela m'est impossible. Savez-vous, Madame, où il est, ce pouvoir?... rue de la Victoire. — Ainsi, répliqua madame de Staël, de qui le regard étincela d'un dépit rancunier dont Talleyrand connaissait l'origine, ainsi ce *petit homme* a déjà usurpé? — Il n'a pas pris possession encore. — Et il se flatte que le Directoire, les conseils, la France, l'armée, que l'Europe enfin le laisseront arriver au but de ses menées? — Le Directoire sera expulsé et non consulté; les conseils sont pleins de ses partisans; la France bénira l'homme, quel qu'il soit, qui la délivrera des partis, des dilapidateurs, de la guerre civile, et de l'invasion étrangère qui la menace; l'armée sera fière de voir son chef gouverner l'État; et quant à l'Europe, que lui importe, si elle triomphe, le pouvoir qu'elle aura à renverser en France? Si elle est vaincue, elle saura du moins qu'elle traite avec un gouvernement fort de l'assentiment général. — Mais vous-même, citoyen, reprit la baronne d'un accent pénétré, ne soutiendrezvous pas le Directoire?... Vous ne pouvez avoir perdu le souvenir des services que Barras particulièrement vous a rendus ? — Je me les rappelle si bien que je veux les reconnaître par un service d'ami, en traitant avec lui de sa place aux meilleures conditions possibles..... Qu'il m'en charge, il les aura bonnes; il est encore temps. »

Il paraît hors de doute aujourd'hui que M. de Talleyrand se chargea, en effet, de faire transiger Barras avec les projets de Bonaparte, auxquels il n'opposa, comme on sait, aucune persistance, moyennant un énorme subside qui dut lui être compté, au moins en partie. D'un autre côté, M. de Talleyrand, après avoir rapproché Siéyès du général en chef, contre lequel il s'était d'abord déclaré, finit par engager ce même directeur dans la conjuration, et Siéyès y entraîna Roger Ducos. Ainsi la majorité du Directoire étant gagnée, Gohier et Moulins ne pouvaient rien contre les événements qui se préparaient. Enfin, pour compléter la tâche qu'il s'était donnée, M. de Talleyrand subjugua les débris du parti Feuillant, tandis que Fouché prévenait de son mieux la résistance des Jacobins.

Si l'on pouvait douter des services que le héros de cette histoire rendit avant le 18 brumaire au général Bonaparte, on en trouverait la preuve dans la suite de cette journée : quarante-cinq jours à peine s'étaient écoulés depuis la fondation du Consulat, quand M. de Talleyrand rentra au ministère des relations extérieures, après avoir refusé l'ambassade de Berlin. Le grand politique, qui avait goûté des avantages d'un portefeuille, trouva infiniment au-dessous de lui quelque chose comme l'ancienne position du citoyen Maurice, même avec les entretiens du soir et du matin de la comtesse de Lichtenau. Non-seulement M. de Talleyrand reconquérait le département des affaires étrangères, mais il y rentrait avec tous les honneurs de la guerre, dont il avait quelque peu rédigé l'énoncé.

« Les consuls, était-il dit dans sa commission, « pour remplacer M. Reinhart, ont nommé le ci- « toyen Talleyrand-Périgord , qui avait quitté « cette place il y a cinq mois, à une époque où un « parti essentiellement désorganisateur et proscrip- « teur de tous les talents dominait toutes les auto- « rités de la République. »

Ainsi M. de Talleyrand triomphait dans son ambition et dans son amour-propre. Ce n'était pas

assez : il fallait que la fortune vînt définitivement
compléter ses triomphes, en lui ouvrant une source
de richesses si opulente que ses prodigalités ne
pussent jamais la tarir.

III

M. de Talleyrand, ministre dans un gouvernement militaire, pensa judicieusement qu'il devait
prendre des allures aussi guerrières que pouvait se
les donner un ancien évêque. On le vit souvent
botté et éperonné, grâce à l'habileté avec laquelle

Sakoski avait su dissimuler l'inégalité de ses jambes au moyen de bottes rembourrées. Il y a plus, le ministre, qui prenait incognito des leçons d'équitation, montait à cheval, mais ne caracolait pas, dans les cortéges équestres du premier consul. Beau causeur, plaisant caustique aux dépens des absents, surtout aux dépens des ennemis du premier magistrat de la République, M. de Talleyrand était devenu l'un des familiers les plus assidus de la cour du Luxembourg. En faveur de cette frivolité charmante qui avait nom Joséphine de la Pagerie, le ministre s'épanouissait incessamment en bons mots sans la moindre consistance, mais pétillants d'esprit. Il se faisait zéphir dans l'appartement de madame Bonaparte, et, malgré son infirmité, il ne paraissait pas peser une livre sur le parquet.

Dans le cabinet du premier consul, c'était une tout autre tactique : le zéphir s'était envolé à la porte, et l'homme grave seul entrait. S'il était consulté, M. de Talleyrand se permettait sans danger certaines exhortations, car elles n'étaient d'ordinaire que l'écho des pensées du maître. Oh! que cet homme savait bien exploiter le faible de ses semblables ; qu'il savait habilement faire vibrer

cette fibre plus particulièrement sensible que les
autres que chacun porte en soi :

« Citoyen consul, » avait-il dit à Bonaparte
lors de sa rentrée au ministère, « vous me con-
« fiez le département des relations extérieures,
« et je justifierai votre confiance...... Mais je
« crois devoir vous déclarer, dès à présent, que
« je ne veux travailler qu'avec vous. Il n'y a
« point de vaine fierté de ma part; je vous
« parle seulement dans l'intérêt de la France. Pour
« qu'elle soit bien gouvernée, pour qu'il y ait unité
« d'action, il faut que vous soyez le premier consul,
« et que le premier consul ait dans sa main tout
« ce qui tient directement à la politique : c'est-à-
« dire les ministères de l'intérieur et de la police
« pour les affaires du dedans, mon ministère pour
« les affaires du dehors, et ensuite les deux moyens
« d'exécution, la guerre et la marine. Il serait donc
« convenable que les cinq ministres de ces dépar-
« tements travaillassent avec vous seul. L'admi-
« nistration de la justice et le bon ordre des finan-
« ces tiennent sans doute à la politique par une
« foule de liens; mais ces liens sont moins serrés.
« Si vous me permettez de le dire, j'ajouterai, gé-
« néral, qu'il conviendrait alors de donner au se-

« cond consul, très habile jurisconsulte, la haute
« main sur la justice; et au troisième consul, éga-
« lement bien versé dans la connaissance des lois
« financières, la haute main sur les finances... cela
« les occcupera, les amusera, « continua le ministre avec un sourire qui signifiait : cela les annulera
pour les grands intérêts de la France. « Et vous,
« général, ayant à votre disposition toutes les par-
« ties vitales du gouvernement, vous arriverez au
« noble but que vous vous proposez, la régénéra-
« tion de la France. »

Ainsi M. de Talleyrand ouvrait à Bonaparte une
vaste carrière d'ambition, en lui conseillant de
réunir sous sa main tous les grands ressorts de
l'État. Pour préluder à l'usurpation de tout le pouvoir, il proposait au premier consul de s'emparer de
toute l'action gouvernementale; enfin il l'engageait
à diminuer la portion d'autorité départie aux deux
autres consuls, afin de les habituer à rentrer bientôt dans la classe des simples fonctionnaires, avec
un titre quelque peu retentissant. M. de Talleyrand préparait la candidature de l'archi-chancelier
et de l'archi-trésorier, en débrodant tout doucement
l'habit des collègues de Bonaparte. Or, le premier

consu n'était pas difficile à persuader dans le sens des conseils du ministre courtisan :

« Savez-vous que Talleyrand est de bon conseil?» disait Bonaparte à Bourienne, en rentrant dans son cabinet ; « c'est un homme d'un grand sens... il « n'est pas maladroit... il m'a pénétré. Ce qu'il me « conseille, vous savez bien que j'ai envie de le « faire... mais, encore un coup, il a raison; on « marche plus vite quand on marche seul. Lebrun « est un honnête homme, mais il n'a pas de politi- « que dans la tête; il fait des livres. Cambacérès a « trop de traditions de la révolution : il faut que « *mon* gouvernement soit un gouvernement tout « neuf. »

On ne peut pas dire que M. de Talleyrand ait fait naître dans l'esprit de Bonaparte l'idée mère du pouvoir suprême : le général en chef de l'armée d'Égypte l'avait conçue sous le ciel de l'Orient; il l'avait méditée, peut-être, assis sur les ruines de quelque grand empire tombé dans l'abîme des siècles, et il s'était dit : — « Que me manque-t-il pour être aussi grand que ce Sésos- tris, qui dort du sommeil éternel sous cette terre brûlante, dont la surface retentit encore de son nom? N'ai-je pas, comme lui, une armée, de la gloire, de la renommée? Il me faut une occasion : elle se prépare en France; il me faut ensuite savoir oser : je le saurai. » Mais ces pensées ambitieuses flottaient vaguement dans l'imagination ardente du guerrier illustre lorsqu'il toucha le sol de la patrie; elles y flottaient, encore indécises, après le 18 brumaire. En se plaçant au timon de l'État, le premier consul n'avait en vue que la suprême magistrature de la République; Talleyrand, plus que personne, plus que la circonstance même, fit éclore chez Bonaparte le projet de joindre un sceptre à son épée, et de placer un diadème d'or sur sa couronne de lauriers.

Les premiers temps du consulat furent l'époque la plus honorable de la carrière politique du personnage dont nous traçons l'histoire. Il ne faut chercher dans sa vie aucune phase de désintéressement absolu : il n'appartenait pas à sa nature de comprendre un tel sentiment, si ce n'est à titre de candeur niaise. La vertu relative de M. de Talleyrand, sous le Consulat, fut d'identifier ses intérêts avec ceux de Bonaparte, et même avec les véritables intérêts de la République. Il servit alors franchement l'un et l'autre; nous nous hâtons de reconnaître dans sa vie cet éclair de probité pure. Son dévouement osa même contredire quelquefois le consul. Critiquer les actions des grands, c'est saisir une arme à feu qui, le plus souvent, éclate dans les mains de celui qui la tient; mais Talleyrand savait esquiver le danger. Dans sa bouche une représentation hardie n'avait jamais le caractère du blâme; il conseillait en flattant, et, qui plus est, en amusant. Son influence s'insinuait, elle ne s'imposait point.

Ainsi, M. de Talleyrand fit comprendre au premier consul, en nivôse an VIII, qu'après huit années consécutives de guerres meurtrières, il devait témoigner à la France, par une démarche authentique auprès de l'Angleterre, le désir sincère de rétablir la paix.

Déterminé et, nous pouvons le dire, abusé par les conseils de M. de Talleyrand, Bonaparte fit auprès du roi d'Angleterre une démarche dont il se repentit ensuite avec raison. C'était effectivement une école. Placé par ses exploits au-dessus des princes de la terre, il s'abaissait trop en écrivant à une espèce d'idiot, qui ne conservait un peu de bon sens que pour se rappeler cette grandeur conventionnelle, en vertu de laquelle un imbécile est érigé en glorieux souverain. Celui que l'on pouvait dès lors appeler le premier homme du siècle ne reçut point de réponse à la lettre qu'il avait adressée au roi Georges III; ce fut lord Granville qui répondit à M. de Talleyrand. La dépêche du ministre anglais, à travers ces formes d'une politesse fallacieuse dont se pare le style diplomatique, laissait percer une jactance hautaine, et d'amères récriminations sur ce que cet homme d'État qualifiait l'esprit de rapine et de brigandage du gouvernement, auquel il affectait de ne reconnaître aucune amélioration.

Bonaparte, furieux, éclata en reproches contre M. de Talleyrand, lui reprochant d'avoir compromis son nom et sa gloire par une démarche si mal accueillie. Le ministre parvint toutefois à calmer le premier consul, en lui communiquant une note qu'il adressait au cabinet anglais, et dans laquelle le *factum* de lord Granville, victorieusement combattu, ne laissait plus voir qu'une combinaison d'arguties sans logique, sans bonne foi, sans vérité. Les journaux anglais, auprès desquels M. de Talleyrand avait conservé des intelligences, insérèrent cette note; le superbe ministre en fut réduit à déplorer la faiblesse de son œuvre. On le caricatura sur les vitres de Londres, et tout fut dit. Dans cette circonstance, M. de Talleyrand, non-seulement triompha par de solides raisonnements d'une mauvaise foi orgueilleuse et mensongère; mais de l'outre gonflée de vent par lord Granville, il ne sortit qu'un ample ridicule dont la malice anglaise le couvrit, lorsque les nouvelles victoires de Bonaparte eurent anéanti les alliances de la Grande-Bretagne sur le continent.

Le triomphe que M. de Talleyrand se procura dans une autre cour du Nord ne se borna pas aux avantages de la raison et de l'esprit sur l'orgueil et la mauvaise foi. Ce ministre préparait de longue main un rapprochement entre l'empereur de Russie et la République française. Paul Ier, qui se rappelait l'accueil gracieux qu'il avait reçu en France quelques années avant la Révolution, se prêtait volontiers à traiter de la paix, surtout depuis l'avénement de Bonaparte au consulat. On connaît le caractère russe : tout ce qui brille, tout ce qui se revêt de splendeur, le subjugue, l'enchante; peu apte à juger les choses profondes, l'éclat des superficies suffit pour le satisfaire. L'histoire générale a consigné l'heureuse idée que le premier consul eut alors de renvoyer les prisonniers russes, vêtus à neuf aux dépens de la République : c'était une générosité théâtrale ; mais il n'en fallait pas davantage pour séduire un prince léger. Paul Ier, enthousiasmé d'une telle action, se fût décidé à signer la paix immédiatement, si une condition délicate n'eût, d'un autre côté, ralenti les négociations. Le comte de Provence recevait l'hospitalité russe à Mittaw, et le gouvernement français exigeait qu'on l'éloignât. Ce fut une des situations difficiles où M. de Talleyrand s'écria : « Allons, il faut mettre en avant les femmes. » Or, le ministre tenait en réserve, pour ces occasions, un certain nombre de dames, dont nous n'expliquerons pas précisément les attributions. Il se rendit un matin chez l'une de ces beautés diplomatiques, appelée madame de Boneuil ; et le lendemain, munie de pleins pouvoirs, dont il eût été curieux d'examiner la teneur, elle partit pour Saint-Pétersbourg avec un compagnon de route choisi par elle... C'était justice. Paul Ier avait alors pour maîtresse en titre une Française, nommée madame Chevalier. L'empire de cette favorite sur l'esprit du czar était extrême : madame du Barry n'avait pas subjugué davantage Louis XV, et Lola Montès n'est pas plus puissante aujourd'hui à la cour du roi de Bavière. Les deux Françaises, qui n'avaient pas seulement de commun le sol natal, s'entendirent bientôt et si bien, que le pauvre prétendant dut s'attendre à recevoir son congé. On sait quelle catastrophe vint, plus tard, changer les dispositions du cabinet de Saint-Pétersbourg, en terminant les jours de Paul Ier.

Un des soins les plus actifs du premier consul, au début de son gouvernement, fut la guerre incessante qu'il fit aux déprédateurs de la fortune publique. Les vols, les dilapidations, les concussions, qui, sous le Directoire, avaient été les ulcères dévorants de l'État, étaient recherchés intrépidement par Bonaparte; il plongeait un œil investigateur dans toutes les parties de l'administration, et dès qu'il découvrait une spoliation, quel que fût le rang du fonctionnaire infidèle, il fallait qu'une prompte restitution rachetât la punition sévère suspendue sur sa tête. Or, à cette époque, M. de Talleyrand passait généralement pour avoir capitalisé d'énormes subsides européens; on les énumérait ainsi. Durant les négociations avec lord Malmesbury, échouées à Lille, 1,500,000 francs, résultant d'opérations sur les fonds français et étrangers; 1,200,000 francs reçus du Portugal; les articles secrets annexés au traité de Campo-Formio avaient été payés, disait-on, un million au négociateur français; de plus, il avait touché un autre million du cabinet prussien, pour lui avoir communiqué ces articles, et en avoir ainsi prévenu l'exécution. On ajoutait à ces sommes, déjà passablement rondes, 500,000 francs provenant de l'électeur bavarois, et autant donnés par le roi de Naples : à ce prix la neutralité de celui-ci fut reconnue. Cette reconnaissance, il faut en convenir, n'était pas payée trop cher; car, nonobstant la qualité de puissance neutre ainsi achetée, la reine Caroline ne cessa pas un instant de conspirer contre la France. Peut-être fût-ce à cette occasion que la marquise de Gallo, femme de l'ambassadeur napolitain à Paris, disait en se pinçant un peu les lèvres : « M. de « Talleyrand me rappelle nos orangers : il porte « en même temps des fleurs et des fruits. » Les fleurs diapraient délicieusement sa conversation... quant aux fruits, ce n'étaient pas les moins beaux qu'il réservait pour son coffre-fort.

Continuons l'énumération des subsides qui, selon l'opinion générale, avaient été encaissés en 1800 par le ministre des relations extérieures :

Le Saint-Père, ayant eu besoin de se recommander à la clémence du premier consul pour certaines infractions aux traités, cette circonstance remit en mémoire à M. de Talleyrand l'excommunication fulminée contre lui en 1791, et ce souvenir coûta au pape 50,000 écus. Une nécessité peu définie fut payée par le roi de Sardaigne, 300,000 francs; et le grand-duc de Toscane paya 500,000 francs le respect de son territoire par les troupes françaises. On disait encore que la constitution accordée à la république cisalpine lui avait coûté un million : « ce qui n'était pas cher pour une « constitution, » a dit un malin mémorialiste. Continuons : la république batave, constituée, n'avait pu l'être à moins de 1,200,000 francs : cela se conçoit, une république commerçante devait avoir un prix de revient plus élevé qu'une république agricole.

L'évaluation la plus modérée portait à 1,800,000 francs les *honoraires* du ministre des relations extérieures durant les six premiers mois du congrès de Rastadt, et l'on évaluait à deux millions la part de M. de Telleyrand sur les prises faites par les corsaires français. Cette série de subsides, dans laquelle nous omettons les bribes de 50,000 et de 100,000 francs, était close par un million reçu du prince de la Paix, qui, au moment où nous écrivons, traîne une vieillesse nécessiteuse à Paris, s'il n'est pas mort obscurément, après avoir disposé à son gré des trésors de l'Espagne durant une longue suite d'années. Nous laissons à nos lecteurs le soin de totaliser les sommes que nous venons de mentionner; mais il nous semble qu'elles doivent produire un capital approchant de trente millions. Or, l'opinion publique est un prisme qui grossit singulièrement les objets : nous pensons que la part de l'exagération doit être grande ici. Toutefois, en la supposant de moitié, ce qui serait beaucoup, la fortune de M. de Talleyrand, commencée à zéro en 1795, présenterait, en 1800, une réalisation fort rassurante des grandes vues politiques de l'habile diplomate, au point de vue de son intérêt particulier.

Aucun bruit, en planant sur la capitale, n'échapait au premier consul. Un matin, après certain travail dans lequel figuraient quelques détails financiers, Bonaparte dit *ex abrupto* à l'homme d'État : « A propos, citoyen-ministre, on vous dit très ri- « che... Comment cela se peut-il... » Et le regard profondément scrutateur du général interrogeait en même temps que sa bouche... Mais on n'intimidait pas facilement le rusé politique, tant qu'il lui restait un bon mot ou une flatterie en réserve : « Rien de

« plus simple, général, répondit-il avec la plus
« grande assurance; j'ai acheté des rentes la veille
« du 18 brumaire, et je les ai revendues le lende-
« main. » Il est incontestable que cette réponse
d'une suprême habileté coûta cher à la France; mais
quel gouvernant l'eût refusée pour excuse!... L'u-
nique réponse du magistrat si ingénieusement flatté
fut ce pincement d'oreille qui, dès-lors, était
compté parmi les témoignages les plus bienveillants
de l'humeur sereine de Napoléon.

Nous voici parvenus à cette glorieuse époque
où la victoire de Marengo donna un brillant essor
à la verve diplomatique de M. de Talleyrand. Avant
la campagne, sa politique prévoyante avait dû considérer la question sous deux faces : le cas d'échec
et celui de succès. Le premier consul emportait
donc deux projets : le premier, se rapportant à une
défaite, offrait à l'empereur d'Allemagne l'abandon
des provinces et îles composant l'ancienne république de Venise, pour indemnité du Brabant et de la
Flandre. Si l'exigence de l'Autriche demandait
davantage, on cédait au roi de Sardaigne la Lom-
bardie et le territoire de Gênes, pour l'indemniser
de la Savoie et du comté de Nice. Naples, l'État
apostolique, le grand duché de Toscane, Parme et

Modène étaient replacés dans la situation où ils se trouvaient avant la guerre. D'un autre côté, la République renonçait au Bas-Rhin, et ses limites étaient posées sur la Meuse.

Ces conditions étaient dures, et tout en les acceptant pour pis-aller, Bonaparte, dit au ministre : « Si vous voyez ma signature au bas d'un pareil « traité, il faudra qu'il reste en France bien peu de « sang généreux, et c'est une supposition que je « n'admets pas. »

Le second traité, celui qui devait être conclu sous les ailes éployées de la victoire, se bornait à sanctionner les préliminaires de Campo-Formio. Ces conditions, auxquelles le gouvernement consulaire fut fidèle après le triomphe de Marengo, donnèrent en ce moment un témoignage irréfragable de modération; le cabinet de Saint-James lui-même en fut ému, et peut-être crut-il devoir offrir à l'opinion publique en Angleterre quelque démonstration de rapprochement : hypocrisie bien contraire à sa politique haineuse, que ce cabinet comprenait la nécessité de dissimuler.

Malgré les conditions généreuses apportées sur le tapis des négociations après Marengo, ce n'était pas encore une chose toute simple que la conclusion du traité de Lunéville, et la guerre ne fut suspendue que par une simple trêve. De nombreux intérêts se croisaient et s'enchevêtraient en Europe; les satisfaire tous paraissait une tâche difficile. Napoléon n'en était pas encore au temps où sa redoutable épée tranchait toutes les difficultés : il fallait dénouer le nœud gordien que le glaive impérial coupa après Austerlitz et Iéna. Du reste, M. de Talleyrand avait bien préparé les voies : la paix était signée avec les puissances barbaresques, qui pouvaient nourrir notre armée d'Égypte. D'un autre côté, des négociations étaient ouvertes avec les États-Unis d'Amérique : le début en avait été singulier; nous tirons le récit suivant des notes d'un écouteur aux portes bien informé. En tête des plénipotentiaires américains, se trouvait M. de Livingston, et nous faisons assister nos lecteurs à son entrée dans le cabinet du ministre des relations extérieures, à la première entrevue des deux négociateurs. D'abord, ce fut une réception tissue de toutes les banalités de la politesse diplomatique, toujours mêlée de félicitations sur le *bonheur* d'entrer en rapport avec *un homme si distingué et placé si haut dans l'estime européenne.* Ce préambule accompli, quelle dut être la surprise de M. de

Livingston lorsque M. de Talleyrand, dans le médium d'un accent empreint d'une gravité officielle, prononça cette demande étrangement diplomatique : « Avez-vous de l'argent?—Citoyen-ministre, cette « question..... —Avez-vous de l'argent? répéta « M. de Talleyrand, sur un diapason plus élevé.— « Mais, citoyen-ministre... —Je vous en prie, ré- « pondez-moi franchement; avez-vous de l'argent? « —Oui, mais je ne comprends pas... —Rien de « plus simple, pourtant.—Sans doute, citoyen-mi- « nistre, au point de vue du barbier Figaro.—N'en « plaisantez pas : ce diable de Beaumarchais a créé « là le type du bon sens, quoiqu'on se garde bien « de l'avouer. Vous avez donc de l'agent; mais en « avez-vous beaucoup? C'est que voyez-vous, dans « ce pays-ci les affaires sont difficiles à traiter; il « faut prodigieusement d'argent; avec cela, point « de difficultés qu'on n'aplanisse... Réfléchissez « bien à tout ceci, et il ne tiendra qu'à vous d'ar- « ranger les choses à la satisfaction de toutes les « parties contractantes. » Or, l'État américain s'é- tant trouvé dans la condition normale indiquée par M. de Talleyrand, un traité fut signé entre les deux républiques. On assure que l'Union paya un peu, dans cette circonstance, les secours que la

France lui avait prêtés pour conquérir son indépendance. Maintenant si l'on se souvient que plus tard, infiniment plus tard, les États-Unis d'Amérique se firent compter vingt-cinq millions par la France, on sera convaincu que les Américains ont de la mémoire.

Cependant l'empereur d'Autriche, dès les premières négociations, après les nouvelles victoires de Bonaparte en Italie, avait insisté vivement pour que l'Angleterre eût des plénipotentiaires à Lunéville. Précisément, M. de Talleyrand venait d'envoyer à Londres un agent pour stipuler un échange de prisonniers; il ne s'agissait que d'étendre un peu ses instructions. Cette disposition fut faite, mais vainement : on ne put s'entendre alors, et l'armistice continental atteignit son terme avant que rien fût décidé en Angleterre.

L'Autriche, sur laquelle le vainqueur de 1796 et et 1797 pesait de tout le poids de son nouveau succès, l'Autriche sentit combien elle avait compromis sa cause en voulant y associer cette puissance maritime, dont les intérêts ne seront jamais les mêmes que ceux du continent. La guerre se ralluma, et les victoires de Moreau, en Allemagne, en complétant les triomphes de la République, obligèrent l'empereur à signer le 9 février 1801, ce fameux traité de Lunéville dont la monarchie autrichienne ne put se consoler, même en 1814. Les Pays-Bas autrichiens étaient cédés à perpétuité à la France; elle prenait possession de la rive gauche du Rhin; les Républiques cisalpine et ligurienne étaient reconnues; l'Autriche abandonnait le comté de Falkenstein, dont l'empereur Joseph avait fait aimer en France le nom par un semblant de philosophie bien joué; enfin le grand-duc de Toscane devait céder son duché à un Bourbon d'Espagne, que le premier consul voulait se donner le plaisir de couronner.

Nous devons dire, à propos de ce prince, caricature des anciens rois d'Étrurie, que M. de Talleyrand, qui fut son menin à Paris, trouva cette mission d'autant plus maussade, qu'elle ne paraissait pas devoir être très productive. Enfin, dans les petites affaires, il faut savoir se contenter de peu : sur les sommes répandues pour cette exhibition d'une tête couronnée par un chef républicain, il tomba un million à l'hôtel des relations extérieures, plus une épingle ou des épingles de cinq cent mille francs pour la sultane favorite, qui s'appelait toujours madame Grant. Si, en effet, le traité de Lunéville avait valu à M. de Talleyrand sept millions et demi, recueillir quinze cent mille francs, c'était glaner après la moisson.

À la suite du traité de Lunéville, auquel nous revenons un instant, il arriva quelque chose d'inattendu : c'est que la rente, au lieu de monter, ainsi qu'il paraissait naturel de le penser, éprouva une assez forte baisse. Joseph Bonaparte, selon les prévisions les plus favorables, avait acheté avant la conclusion pour revendre après ; quelle fut sa surprise et son embarras quand il fallut se libérer. La perte était énorme ; le premier consul ne put venir efficacement au secours de son frère. M. de Talleyrand, providence des expédients, fut consulté. « Quoi, ce n'est que cela ? répondit-il ; « mais ce n'est rien que cela, ce n'est rien du tout, « il ne faut pas s'en embarrasser... Il n'y a qu'à « relever la rente ; elle remontera. — Mais de l'ar- « gent ? — Ce n'est pas difficile d'avoir de l'argent : « le Mont-de-Piété et la Caisse d'amortissement sont « là... déposez ; vous aurez de l'argent pour faire « remonter la rente... Le citoyen Joseph vendra et « gagnera, pas le moindre doute, et voilà tout le « mystère. » On suivit le conseil de M. de Talleyrand, et l'évènement justifia ses prévisions. Mais

le premier consul prit bonne note de cette circonstance pour observer, s'il était possible, de plus
près un homme si habile à jouer le rôle de la
Providence.

Si M. de Talleyrand put être sincèrement attaché
à quelqu'un (et quel être humain n'eut pas une
affection de cœur), il le fut à Bonaparte au temps
du Consulat. On s'en aperçut aux élans d'indignation qu'il laissa remarquer lors des infâmes attentats
dirigés contre la personne du premier consul. Il est
des sentiments qu'on ne peut simuler avec assez de
vérité, pour qu'on s'y méprenne quand ils ne sont
pas sincères. Ainsi, le ministre s'exprimait avec
franchise lorsque, répondant à des députés qui
étaient venus témoigner l'indignation des peuples
d'Italie sur ces attentats, il leur disait : « Vous
« avez raison, citoyens députés, de former des
« vœux sincères pour la conservation du grand
« homme que nous aimons tous autant que nous
« l'admirons. C'est sur sa vie que reposent mainte-
« nant toutes les chances de bonheur, non-seule-
« ment pour la France, mais pour l'humanité tout
« entière. »

Au mois de nivôse an x, M. de Talleyrand suivit à Lyon le premier consul, qui se rendait dans

cette ville pour recevoir les députés de la république cisalpine, et régler avec eux certains détails
d'administration intérieure. Après quelques conférences, le ministre des relations extérieures réunit
ces envoyés dans un grand dîner. M. de Talleyrand venait de faire asseoir à sa droite l'archevêque
de Milan, vieillard de quatre-vingt-deux ans, mais
jouissant d'une santé robuste, et qui, en prenant
place à ce banquet, paraissait fort gai... Tout à
coup la tête du vénérable prélat se penche sur son
épaule gauche, il reste sans mouvement sur son
fauteuil... On court à lui; il était mort. On rendit
avec magnificence les honneurs funèbres au doyen
de la *consulta* italienne; M. de Talleyrand assista à
la cérémonie religieuse avec un recueillement fort
remarquable : ce qui n'empêcha pas les fanatiques
de déclarer que Dieu avait retiré à lui l'archevêque
de Milan, pour qu'il ne compromît point son salut à
la table d'un excommunié, qui, certainement, ne
pouvait manquer de devenir loup-garou après
minuit.

Le voyage du premier consul à Lyon avait pour
second motif de faire entendre aux habitants de
cette grande ville, si désolée naguère par l'esprit
de parti, des consolations et des espérances, en

eur promettant de ranimer leur commerce par tous
.es moyens qui seraient en son pouvoir. M. de Talleyrand annonça au maire les intentions du premier magistrat de la République, dans une lettre
remplie des plus expressifs témoignages de sollicitude.

Le séjour de Bonaparte à Lyon dura trois semai-
nes, qui furent une suite non interrompue de fêtes
et de réjouissances, où l'enthousiasme, porté jusqu'au délire, éclatait partout sur les pas du grand
homme. M. de Talleyrand vit cette gloire rejaillir
jusque sur lui : gloire de reflet, qui ne laissa pas
de le rendre heureux.

Quel beau jour n'est pas obscurci par quelques
nuages, quelle félicité n'est pas traversée par quelque chagrin instantané. Au moment où toute la
France voyait dans Bonaparte son libérateur et le
restaurateur de sa dignité nationale, le premier
consul apprit l'évacuation malheureuse de l'Égypte
par l'armée française. Le héros versa des larmes
sur la perte de sa belle conquête d'Orient : son imagination poétique s'était exaltée en donnant à la
République et la ville baptisée par Alexandre, et les
ruines de Thèbes, de Memphis, de Palmyre, et les
tombeaux gigantesques des Pharaons, et le berceau

du Christ, et le sépulcre d'où la parole de Dieu
tira, divinisée, la forme humaine de son fils... Bonaparte avait aspiré à la tâche fabuleuse de ré-
veiller la civilisation de ce vieux monde; c'était une
belle utopie.

Nous avons beaucoup parlé du ministre et du
ministère des relations extérieures; il est temps d'i-
nitier nos lecteurs, sinon aux mystères de ce temple de la politique, du moins à la disposition intérieure de ses diverses parties et à la composition
de son personnel, qui ne varia guère durant les
époques du Consulat et de l'Empire. Sans avoir été
nourri dans ce sérail (la désignation n'est pas précisément inexacte), nous en avons connu les détours; mais c'est à une expérience plus consommée
que la nôtre qu'il nous semble convenable d'en emprunter la description.

Le ministère des relations extérieures était établi
à l'hôtel Galifet, rue du Bac, et présentait, dans une
assez grande profondeur, divers corps de bâtiments
dont la disposition formait deux cours à peu près
égales. L'hôtel proprement dit s'élevait au fond du
terrain. La division des fonds occupait le bâtiment
qui séparait les deux cours : M. Bresson, chef de
cette division, avait son logement près de ses bu-

reaux. Avant d'arriver à ce corps de logis, on rencontrait, dans la première cour, à gauche, la division du midi, confiée à M. d'Hauterive..., employé supérieur quasi redoutable, dont l'abord sévère et glacial, les sourcils noirs et perpétuellement froncés constituaient une espèce d'épouvantail, et faisaient pousser un soupir préalable à quiconque devait recourir à ses audiences. La division du nord, placée dans l'hôtel même du ministre, dont elle occupait le quatrième étage, avait pour chef, sous le Consulat, M. Durand, homme du monde aux formes élégantes et recherchées, qui possédait plus que son collègue du midi, la confiance intime du ministre. Aussi s'empressa-t-on d'en faire un baron de l'Empire dès que Napoléon créa de toutes pièces son aristocratie. Plus tard, M. Durand, après avoir ajouté à son nom celui de Mareuil, précédé d'une particule, fut ambassadeur à Naples, où il reçut un coup d'épée de l'ambassadeur russe, pour quelque intrigue digne d'orner un roman de Georges Sand.

Dans la seconde cour, à droite, la division des consulats occupait le rez-de-chaussée et l'entresol. M. Hermann dirigeait cette division. De l'autre côté de la cour, s'ouvrait une large voûte, sous laquelle était, à droite, l'escalier d'honneur communiquant aux appartements du ministre. A gauche, se trouvaient les cuisines, les offices, et au-dessus, la division mystérieuse des chiffres, section hiéroglyphique du ministère, confiée à M. Campy. Plus haut, se trouvait le bureau où l'on rédigeait, sous la direction de M. André d'Arbelles, le journal anglais *l'Argus*.

Le cabinet du ministre, situé dans l'hôtel même, se divisait en trois pièces : l'une où M. de Talleyrand travaillait seul; les deux autres, dont la première communiquait avec le sanctuaire ministériel, servaient de bureaux à quatre secrétaires particuliers, dont M. Osmond, secrétaire intime du ministre, dirigeait les travaux en l'absence du maître. Mais M. de Talleyrand était le véritable chef titulaire de son cabinet, où l'on ne pénétrait jamais du dehors. Les employés même du ministre n'y entraient que rarement. Là se distillait ce que la politique devait offrir de plus sublimé. Toute la correspondance particulière du ministre sortait du bureau particulier; celle dictée par M. de Talleyrand l'était dans la pièce que nous avons nommée le sanctuaire; le secrétaire plumitif n'y entrait que pour cela. Sous le Consulat, le premier des secrétaires particuliers du ministre était M. Bourjot, nommé plus tard chef de division et conseiller d'État. Venait ensuite M. Tony Rœderer, fils du sénateur, qui fut ensuite auditeur au conseil d'État, puis préfet du Trasimène. Les deux autres secrétaires étaient M. Damour, employé laborieux, et un jeune homme tiré du bureau des élèves en diplomatie, qui nous a guidé dans la statistique que nous venons de tracer.

L'hôtel Galifet et ses dépendances n'ayant pu suffire au ministère des relations extérieures, on avait établi une succursale de ce département au petit hôtel Maurepas, dont l'entrée était rue de Grenelle, et qui communiquait, par ses derrières, avec l'hôtel Galifet. Les archives des relations extérieures et la bibliothèque emplissaient en grande partie l'hôtel Maurepas; l'archiviste était M. Caillard l'aîné, en qui la diplomatie se fût certainement incarnée, si elle eût pris une forme humaine. M. Caillard, ambassadeur émérite, était arrivé à la direction des archives, comme les vieux maréchaux de France arrivent au gouvernement des Invalides. Mais si cet ancien diplomate avait accepté la vétérance de sa carrière, toutes ses affections ne s'y étaient pas réfugiées : il aimait les beaux livres, les vins délicats et les mets recherchés. Les premiers, habillés de magnifiques reliures, illustraient les rayons d'une vaste bibliothèque; si l'on descendait dans les caves de l'hôtel Maurepas, on était saisi d'admiration à la vue du plus riche congrès en bouteilles que les pays vignobles eussent jamais réuni sur un seul point; enfin, M. Caillard ne reconnaissait que Brillat-Savarin qui pût lui disputer la palme dans l'art de manger, et Cambacérès lui rendait humblement les armes.

La conservation de la bibliothèque était confiée à M. Chevalier, qui n'était pas seulement connu par son *Voyage en Troade*, où l'hypothèse remplit bien des pages. M. Chevalier possédait des connaissances profondes et variées, particulièrement en diplomatie. Il partageait avec M. d'Hauterive la mission honorable de rédiger les notes qui nécessitaient une étude difficile et une conception sûre.

Nous ne décrirons point des appartements d'apparat que présentait le ministère des relations extérieures; on pouvait les distinguer en appartements diplomatiques et en appartements particuliers : les premiers communiquaient avec le cabinet du ministre; mais, pour les étrangers comme pour les

nationaux, ce cabinet était un asile impénétrable.
La décoration intérieure de l'hôtel Galifet était
somptueuse, selon la mode du temps, c'est-à-dire que
l'austérité antique des formes et la parcimonie des
ornements avaient quelque chose de triste qui ne
satisfaisait point le regard. David, en voulant nous
rendre Grecs à toute force, avait banni cette magnificence française, à laquelle il faut des superficies
qui brillent. Percier, vers la fin de l'Empire, rendit l'élégance et l'éclat à l'intérieur des maisons
opulentes, sans altérer sensiblement les formes an-
tiques : c'était prendre un terme moyen digne de
ce célèbre artiste. Depuis, nos caprices vagabonds
ont passé par tous les extrêmes du byzantin, du go-
thique, de la renaissance, pour arriver à ce goût dit
Louis XV, qui fut avec raison flétri comme le dernier degré de la corruption de l'art... Et cela se
voit à une époque progressive par excellence ; et
nous-même, qui condamnons ce retour vers le
mauvais goût, nous en traçons la critique dans un
cabinet meublé à la Louis XV...

En faisant parcourir à nos lecteurs les diverses
sections du ministère des relations extérieures, nous
avons fait naître l'occasion de consacrer quelques
paragraphes à l'étude des cercles du ministre répu-

blicain ; il y avait là le sujet d'un tableau de mœurs
que nous ne devons pas omettre. Le salon de M. de
Talleyrand, jusqu'à midi, était silencieux et som-
bre ; il n'y paraissait guère le matin, à moins d'audiences extraordinaires, données à de hauts personnages ; les audiences ordinaires commençaient
vers une heure, et ne se prolongeaient que rarement : le ministre ne se prodiguait jamais. D'ailleurs il n'aimait pas les figures nouvelles. M. de
Talleyrand recevait toujours avec plaisir ses anciens amis : le duc de Laval, M. de Sainte-Foix,
l'américain Crawfurt, M. de Montrond, et quelques
autres.

Les anciennes amies étaient accueillies moins
volontiers : il entrait dans les principes du diplomate célèbre que les vieilles affections, entre
sexes différents, tournent souvent à l'aigre, comme
les vieux vins. Par exemple, madame de Staël, depuis le commencement du Consulat, ne montrait
que rarement à l'hôtel Galifet ce turban qu'elle aimait tant, et qui la coiffait si mal. Outre que la baronne n'était point admise aux cercles des Tuileries, ce qui nécessairement devait l'environner d'une
certaine défaveur, le règne de madame Grant avait
détrôné la femme supérieure. « Oh ! mon Dieu ! di-

« sait M. de Talleyrand, des femmes spirituelles !
« j'en suis assailli partout... la nullité de madame
« Grant me repose. »

Le dîner, qui commençait tard au ministère des relations extérieures, se prolongeait assez souvent jusqu'à neuf heures. « On ne se bornait pas à *manger*, à l'hôtel de Galifet, on y *dînait* : nous avons emprunté cette remarque à un écrivain qui connaît toute la valeur de cette distinction. En se levant de table, M. de Talleyrand passait au salon, et se couchait, plutôt qu'il ne s'asseyait, sur un long canapé qui occupait l'un des angles de la cheminée. De cette espèce de divan oriental, il donnait ses audiences privilégiées avec un abandon que Louis XV, de sybaritique mémoire, n'eût peut-être pas osé hasarder ailleurs que chez madame du Barry. Les femmes d'ambassadeurs seules, si elles étaient jeunes et jolies, étaient admises à prendre place sur l'ottomane. Annonçait-on un sénateur, un conseiller d'État, M. de Talleyrand, sans le moindre dérangement, le saluait d'un signe de tête. Pour les dames, surtout si elles avaient été titrées, si, comme il le disait, elles *avaient, avant la Révolution, marché sur le parquet*, même en y glissant, le ministre se levait à demi. Les collègues de M. de Tal-

leyrand recevaient de lui un accueil moins cavalier ; mais la solennité qu'il attachait à cet accueil
était remplie d'affectation ; les mots de *citoyen ministre*, fortement accentués, revenaient à chaque
instant dans l'entretien ; l'ex-grand seigneur se tenait en réserve, et ne livrait à la circulation que
l'homme d'État républicain. Sous l'empire même,
et lorsque M. de Talleyrand s'appela le prince de
Bénévent, ses manières semblaient toujours dire
aux plus grands personnages de la cour impériale :
« N'oubliez donc pas que je descends des comtes de
« La Marche, et qu'il n'existe entre vous et moi
« aucune parité. »

Cependant ces grands airs étaient mis à l'écart
lorsque M. de Talleyrand parlait aux généraux que
Napoléon affectionnait le plus : Berthier, Duroc,
Lannes, qu'il qualifiait en arrière de *traîneurs de
sabre* (le mot est de sa création), étaient accueillis
par lui avec une distinction particulière ; ce fin politique n'était pas homme à risquer son intérêt au jeu
de sa vanité. Cependant, comme il avait la préten-
tion de ramener dans la société ces mœurs élégantes qui, selon lui, devaient être nuancées d'un
peu de hauteur, il ne perdait aucune occasion d'invoquer le retour des distinctions sociales détruites

par la Révolution. Ses prétentions à ce sujet allaient jusqu'à régenter le premier consul : voici une anecdote qui le prouve.

Les trois consuls s'étant rendus à Versailles, avaient accepté un grand dîner offert par les autorités de la ville. A cette époque encore, le mérite seul établissait des distinctions entre les citoyens, et c'était ce mérite seul qui dispensait la considé-ration. Or, les magistrats versaillais s'étaient flattés d'être agréables aux consuls, en faisant trouver à leur table l'élite des artistes du Théâtre-Français. Le triumvirat gouvernemental, quelle que fût son opinion sur le régime de l'égalité, parut partager celle qu'exprimaient ainsi leurs amphytrions ; et à l'issue du dîner, lorsqu'il s'agit de passer au salon, Bonaparte donna la main à mademoiselle Contat, Cambacérès se fit le cavalier de mademoiselle Devienne, et Lebrun devint celui de mademoiselle Mézeray. M. de Talleyrand, témoin de cette galanterie qui, dans ses opinions, dérogeait à la dignité consulaire, se promit de donner indirectement une leçon aux gouvernants de la France, certain d'avance que le premier consul la saisirait parfaitement dans cette direction oblique.

Peu de jours après le dîner de Versailles, le ministre des relations extérieures donna un grand bal à son hôtel. Ce ne furent pas les artistes du Théâtre-Français que M. de Talleyrand invita à cette fête dansante; apparemment il n'osa pas soumettre à son épreuve Mithridate, Auguste, Cinna, Mahomet, Mérope, Phèdre et Cléopâtre; le ministre appela les danseurs et danseuses de l'Opéra, recrue qui, du reste, convenait mieux à la circonstance que les Grecs et les Romains de la Comédie-Française. Dans le joyeux pêle-mêle des quadrilles, des valses et des gavottes, l'égalité la plus expansive régna parmi les invités de toutes classes : les danseuses surtout eurent un succès prodigieux. Que le pied de la femme soit une illusion et sa jambe une réalité, ou que cette opinion puisse être réfutée, il est constant que les pieds et les jambes des demoiselles d'opéra furent jugés enchanteurs au bal de M. de Talleyrand. Mais à minuit commença, pour ces beautés et leurs camarades du sexe masculin, la plus disgracieuse déconvenue... On annonça que le souper était servi.

Tout aussitôt Vestris, le grand Vestris, qui venait de soutenir dignement sa divinité chorégraphique, s'élance, la pointe basse, le jarret tendu, et présente sa main délicieusement gantée à l'une des femmes les plus distinguées de la société. En ce moment une autre main se pose sur son épaule ; il se retourne : c'était M. de Talleyrand qui, de sa voix brune, prévint le premier danseur du monde que les artistes étaient servis dans une salle particulière. Vestris, la rougeur au front, rejoignit ses camarades, qui s'insurgèrent avec éclat ; mademoiselle Bigottini demanda très haut sa voiture, afin qu'Eugène Beauharnais l'entendît ; les Grâces et les Zéphirs s'envolèrent, et le couvert d'humiliation resta désert.

Non-seulement la leçon de distinction sociale que M. de Talleyrand avait prétendu donner au premier consul ne fut point de son goût ; mais il tança vertement le ministre : « Je n'aime pas, lui dit-il, « qu'on humilie le talent. Si bas que la danse « soit placée dans l'ordre des mérites, je fais en- « core plus de cas d'un danseur que des mendiants « titrés qui, chaque jour, emplissent mes anticham- « bres. »

Depuis le commencement de l'an x, un échange incessant de protocoles avait lieu entre le cabinet des Tuileries et celui de Saint-James. M. Cette négociait perpétuellement à Londres, mais négociait sans résultat. Enfin, un traité d'alliance conclu entre l'Espagne et la France, traité qui, dit-on, avait arrondi d'une quinzaine de millions la fortune du citoyen Lucien Bonaparte, détermina la cour de Londres à s'entendre avec le premier consul. Des bases préliminaires furent posées, et l'on convint d'ouvrir à Amiens des conférences pour la conclusion d'une paix générale. Joseph Bonaparte, qui, déjà, avait représenté la France au congrès de Lunéville, fut nommé plénipotentiaire à celui d'Amiens; les pleins pouvoirs de l'Angleterre furent remis au marquis de Cornwallis, qui se rendit d'abord à Paris. Quelques pourparlers préalables eurent lieu entre les deux négociateurs : il va sans dire que Joseph Bonaparte répéta le rôle composé à son usage par M. de Talleyrand.

Lorsque notre capitale eut prodigué à l'ambassadeur anglais les repas diplomatiques, les bals, les concerts, les notes harmonieuses de ses chanteurs, les grâces enivrantes de ses danseuses, les agaceries plus ou moins bien accueillies de ses courtisanes, sa seigneurie quitta avec regret ce séjour d'enchantements, et se rendit à Amiens. La ville picarde ayant offert moins de séductions au noble lord, lui laissa plus de temps pour élever des difficultés dans le congrès. La restitution de l'île de

Malte à l'ordre de Saint-Jean fut surtout une source de débats qui, dès lors, durent faire prévoir que là se trouverait un nouveau *casus belli.*

Néanmoins on finit par demeurer d'accord; et le 4 germinal an X, fut signé, entre Sa Majesté britannique et la République française, gouvernée par le premier consul Bonaparte, un traité auquel l'Espagne, où régnait un Bourbon, prit part comme alliée de la France. Donc, la cour de Londres reconnut bien l'autorité du magistrat suprême que la France s'était donné; donc elle fut plus tard de mauvaise foi en niant qu'elle l'eût reconnu, et en prétendant que, dans sa politique, la légitimité bourbonienne n'avait jamais perdu ses droits. On vient de voir, au surplus, que les Bourbons eux-mêmes avaient pactisé avec la Révolution.

Tandis que l'on traitait à Amiens, un état de choses embarrassant pour M. de Talleyrand se préparait : Bonaparte favorisait la restauration du culte catholique, rappelait de l'exil les prêtres proscrits, et faisait réintégrer l'enseignement des principes religieux dans l'éducation publique. Il était loin de la pensée du ci-devant évêque d'Autun de ressaisir sa crosse et sa mître : la religion avait à l'hôtel Galifet une rivale que le ministre n'eût renvoyée que pour la remplacer par une prêtresse du même culte. Mais il fallait au moins, pour ne pas déplaire au premier consul, reprendre en apparence le joug de l'Église, rompu jadis avec scandale, afin d'être autorisé à le déposer avec respect. Il n'y avait pas de temps à perdre : le cardinal Consalvi vint à Paris, des négociations secrètes commencèrent entre lui et le premier consul; elles avaient un cours qui plaisait beaucoup à Bonaparte, tant le cardinal savait à propos dépouiller le prêtre pour négocier au diapason du général. Bref, les conférences devinrent authentiques, solennelles même, et le cardinal Caprara, légat du pape, fut envoyé en France pour discuter les articles du concordat.

A ce point, les affaires religieuses eurent une telle connexité avec la politique, que M. de Talleyrand dut nécessairement intervenir. Le légat, qui comprit qu'un homme aussi habile était à ménager, fut le premier à solliciter un bref du pape qui réconciliât l'ex-évêque d'Autun avec l'Église, et le déliât de ses vœux. Cet acte de la puissance apostolique se fit peu attendre; il était ainsi conçu :

A notre très cher fils Charles-Maurice Talleyrand.

« Nous avons été touché de joie quand nous
« avons appris l'ardent désir que vous avez eu de
« vous réconcilier avec Nous et avec l'Église ca-
« tholique. Dilatant donc à votre égard les entrail-
« les de notre charité paternelle, nous vous déga-
« geons, par la plénitude de notre puissance, du
« lien de toutes les excommunications. Nous vous
« imposons, par suite de votre réconciliation avec
« Nous et avec l'Église, des distributions d'aumô-
« nes pour le soulagement surtout des pauvres de
« l'église d'Autun, que vous avez gouvernée. Nous
« vous accordons le pouvoir de porter l'habit sé-
« culier, et de gérer toutes les affaires civiles, soit
« qu'il vous plaise de rester dans la charge que
« vous exercez maintenant, soit que vous passiez à
« d'autres auxquelles votre gouvernement pour-
« rait vous appeler. »

Un arrêté des consuls, en date du 2 fructidor an X,
ordonna que ce bref recevrait son exécution. Mais

les dévots n'admirent point la légalité de l'acte émanant du Saint-Siége; l'onction d'un évêque leur paraissant indélébile, ils tinrent M. de Talleyrand pour engagé irrévocablement dans les ordres, et bien et duement excommunié. Pie VI, dans leur opinion, était infaillible, et son successeur n'avait pas le droit d'anéantir ce qu'il avait fait.

Le mariage de M. de Talleyrand fut, nous ne dirons pas conclu, vous savez pourquoi, mais célébré peu de temps après la sécularisation régulière dont nous avons rapporté le titre. Ce fut assez peu volontiers que le ministre substitua ce sacrement à celui dont il venait d'être relevé. Le premier consul avait posé ce dilemme à l'amant de madame Grant : « Ou renoncez à vivre avec elle, ou épousez-la. » L'alternative était cruelle; mais l'injonction était précise; M. de Talleyrand se décida pour le mariage, avec l'arrière-détermination de n'être pas plus orthodoxe avec l'hymen qu'il ne l'avait été avec l'Église.

Nous avons promis de reprendre les précédents de madame Grant à l'époque où elle serait devenue madame de Talleyrand; nous accomplissons cette promesse.

Avant de voir cette dame à Londres avec une assiduité si préjudiciable aux droits antérieurs de la comtesse de F..., M. de Talleyrand, alors évêque d'Autun, l'avait connue à Versailles. Elle était née à Tranquebar, dans les Indes-Orientales, et avait épousé, jeune encore, un Anglais appelé M. Grant. Cette union, sans que nous puissions dire pourquoi, ne fut point heureuse; la belle Indienne, soit mouvement spontané, soit qu'elle eût trouvé un obligeant conseiller, s'embarqua un matin et passa en France. Elle y résidait encore lorsque les massacres de septembre ensanglantèrent sur tant de points le pavé de Paris. D'une croisée de son appartement elle vit égorger, dans la rue, le portier de la maison qu'elle habitait. Dans son effroi, elle quitta soudain son domicile, abandonnant tout ce qu'elle possédait. Suivie d'une seule femme de chambre, elle prit passage sur le premier navire qui se présenta à Calais, et parvint à Douvres sans bagages, presque sans linge, et n'ayant pas plus de douze louis dans sa bourse. Mais une femme jeune, jolie et abandonnée, manqua-t-elle jamais d'être secourue par la Providence? Cette fois, la Providence se présenta à la charmante fugitive sous les traits d'un officier de marine anglais, nommé Nath Belchier. Madame Grant ne tarda pas à penser qu'un marin jeune, bien fait, de bonne maison, méritait toute sa confiance. Elle lui raconta ses malheurs, et lui dit que ses propriétés, déclarées nationales, venaient d'être mises sous le séquestre. L'officier, qui par un heureux hasard était un peu légiste, affirma à sa protégée que, sujette du roi d'Angleterre, puisqu'elle n'était pas divorcée d'avec un Anglais, elle avait des droits incontestables à réclamer auprès du gouvernement français la levée des scellés apposés chez elle, et la levée du séquestre de ses biens.

Tous ces bons offices rendus à une femme superbe, que l'on trouve isolée dans un hôtel, s'expliquent parfaitement, en Angleterre comme en France. Mais voici quelque chose de plus essentiellement anglais, et d'infiniment peu français : M. Nath Belchier, bien fixé sur tout ce qui se rapportait aux intérêts de madame Grant, *la quitta*, et se rendit à Paris, pourvu de pleins pouvoirs, afin de réclamer en son nom contre la confiscation de ses meubles et immeubles.

Madame Grant habitait la rue Mirabeau (aujourd'hui rue de la Chaussée d'Antin); non-seulement les scellés furent levés chez elle, à la première réquisition du fondé de pouvoir, mais on lui déclara que cette dame pouvait revenir sans crainte habiter son appartement.

Mais madame Grant avait déclaré qu'elle ne reviendrait pas en France tant que la tourmente révolutionnaire durerait. Le marin anglais s'occupa donc d'enlever du domicile de sa commettante tous les objets précieux et transportables. Ce n'était pas sans danger qu'un pareil enlèvement pouvait s'opérer : un décret de la Convention prononçait la peine de mort contre quiconque transporterait hors du territoire de la République des matières d'or et d'argent, monnayées ou diversement façonnées, d'une valeur excédant cent livres tournois. Le dévouement du jeune officier ne broncha pas en présence de cette difficulté ; aidé d'un de ses amis, il quitta Paris le 19 septembre, vers sept heures du soir, emportant pour quatre-vingt mille livres de vaisselle plate, pour trois cent mille francs de diamants, de perles, de bijoux, et deux mille cent louis en or. M. Nath Belchier avait encore trouvé dans le secrétaire de madame Grant pour deux cent mille livres de billets de la caisse d'escompte, frappés de nullité par la Révolution : ce fut pour la dame une provision de papillotes.

Arrivé à Douvres, où il retrouva madame Grant,

M. Nath Belchier mit-il un genoux en terre devant cette belle Indienne pour lui présenter les trésors qu'il rapportait? nous l'ignorons; mais ce qu'il affirme dans un récit dont nous avons tiré les détails qui précèdent, c'est qu'il ne voulut recevoir aucune récompense pécuniaire. « J'avais vingt-et-un « ans, dit-il en terminant, et je me trouvais assez « récompensé par la conscience de ce que je ve- « nais de faire. » Nous ignorons si madame Grant fut de cet avis, mais elle se montra bien reconnaissante, et elle était des Indes-Orientales.

Après l'épisode de sa vie que nous venons de retracer, madame Grant se rendit à Londres, s'y fixa, et ce fut là que M. de Talleyrand substitua son amabilité entraînante aux services essentiels qui avaient mérité la reconnaissance de cette charmante émigrée.

Lorsque M. de Talleyrand quitta l'Angleterre pour se rendre aux États-Unis, que devint la jeune femme dont madame de F... s'était montrée si jalouse? La trame de sa vie nous échappe jusqu'à l'année 1798, époque à laquelle nous la retrouvons dans une jolie habitation à Montmorency. Ce lieu de plaisance était la petite maison de dame politique, ainsi que l'asile d'été des amours du ministre; il y recevait souvent les ambassadeurs, les consuls ; quelquefois aussi madame Grant y admettait des confidents auxquels elle disait : « Talleyrand est « le dernier des hommes que je voudrais pour « mari ; il est trop débauché. » Napoléon trancha la difficulté en l'an X, sans accorder à la dame une compensation aussi complète qu'elle l'eût désirée de son union avec un homme *trop débauché*.

Cet hymen ne fut qu'une sorte de mariage morganatique, qui lui fit subir à la cour des Tuileries de grandes humiliations. Madame de Talleyrand la mère, qui vivait encore, ne voulut jamais recevoir à titre de bru la femme d'un évêque : cette qualité lui paraissait monstrueuse ; et son fils lui-même ne fut plus admis auprès d'elle. La vieille puritaine poussa le scrupule jusqu'à refuser désormais la pension que le ministre lui faisait, et qu'il dut lui faire payer par les mains de son frère.

Sous le Consulat, madame de Talleyrand ne fut point admise dans les cercles des Tuileries : le ministre, si orgueilleux du nom qu'il avait donné à sa femme, se trouva profondément blessé de son expulsion d'une cour où ne fleurissait pas une majorité bien compacte de chastetés ; il alla jusqu'à

vouloir déposer le portefeuille des relations extérieures. On négocia, et par une transaction vivement débattue, il demeura convenu qu'on recon-
naîtrait à madame de Talleyrand le droit de venir
aux Tuileries, à condition qu'elle s'abstiendrait d'y
paraître ; seulement son droit devait être constaté
par une présentation : il le fut, et les choses en restèrent là.

Quelque temps après ce mariage, ordonné par le
premier consul, qui voulait que « son gouvernement fût un gouvernement honnête, » Fouché recommandait à Bonaparte quelques - uns de ses
amis, peut-être de ses agents, pour des missions extérieures, « Ne vous mêlez pas du dehors, répon-
« dit le général : laissez-moi faire, et surtout n'al-
« lez pas défendre le pape, ce serait par trop ridicule
« de votre part ; ce soin revient à Talleyrand, qui
« lui a l'obligation d'être séculier, et de posséder
« une belle femme en légitime mariage. »

Pour coudre à l'histoire que nous écrivons la
sortie suivante fulminée à Sainte-Hélène par Napoléon, il faut se rappeler que l'empereur devait conserver de justes ressentiments contre son ancien
ministre.

« Le triomphe de Talleyrand, disait l'illustre

« captif, est le triomphe de l'immoralité. Un prê-
« tre marié à la femme d'un autre, et qui a donné
« une forte somme d'argent à son mari pour qu'il
« permette à sa femme de rester avec lui... J'ai dé-
« fendu l'entrée de ma cour à cette femme, premiè-
« rement parce que sa réputation était décriée, et
« parce que j'ai découvert que quelques marchands
« génois lui avaient payé quatre cent mille francs
« dans l'espérance d'obtenir, par l'entremise de
« son mari, quelques faveurs commerciales. »

Napoléon, dans ce paragraphe, se trompait au moins sur un point : M. de Talleyrand donner de l'argent pour conserver sa maîtresse, quelle erreur! Assurément il n'en eût pas offert à son mari pour la reprendre, il s'en serait plutôt fait donner pour la garder. Du reste, il paraît que madame de Talleyrand, malgré son défaut d'esprit devenu proverbial, s'était fait une philosophie assez commode, au moins en théorie, sur les devoirs conjugaux. Un jour que l'on soutenait devant elle qu'un mari qui trouvait sa femme en *conversation criminelle* avait le droit de tuer l'épouse adultère et son amant : « En vérité, s'écria-t-elle avec toute l'énergie de la « conviction, il faut avouer que de pareilles lois « sont faites pour des hommes qui manquent d'é—

« ducation. » Après quelques années de mariage, M. de Talleyrand se serait montré volontiers très éduqué.

Durant la courte paix d'Amiens, le salon de M. de Talleyrand fut le rendez-vous le plus habituel des notabilités étrangères qui affluèrent à Paris. Parmi les Anglais, on y voyait souvent lord Wilhworth, alors ambassadeur d'Angleterre, et l'un des hommes magnifiques de cette époque. Le fameux Fox, cet antagoniste énergique et persévérant de Pitt, paraissait moins fréquemment à l'hôtel Galifet ; mais il voyait tous les jours le premier consul, qui l'avait pris en affection. De son côté, Fox professait pour Bonaparte la plus vive admiration : c'était, disait-il, l'homme de ses rêves d'or... Cette opinion eût reçu plus tard quelque modification ; mais le patriote anglais vécut trop peu pour rectifier son jugement sur le grand homme. Quant à Wilhworth, il jouissait d'une estime fort restreinte parmi l'aristocratie européenne qui se trouvait à Paris. Le bruit courait que ce diplomate n'était pas étranger, sinon au crime qui avait terminé le règne de Paul Ier, du moins aux ténébreuses intrigues qui l'avaient précédé.

On ne doute plus aujourd'hui des véritables cau-

ses de cet attentat ; le cabinet de Londres, même au
moment d'ouvrir des négociations avec la France,
voyait avec un vif déplaisir la bonne intelligence s'é-
tablir entre le czar et le premier consul; et du jour
où l'ambassadeur anglais reçut ses passeports, une
conspiration se forma contre le malheureux empereur...

L'histoire générale a surabondamment constaté
la mauvaise foi avec laquelle l'Angleterre reprit les
hostilités au commencement de ce siècle, après une
paix de quelques mois. Nous ferons remarquer seulement que la guerre n'avait pas cessé entièrement,
puisque, durant cette courte trève, les journaux anglais, le Parlement, et le gouvernement lui-même,
s'étaient sans discontinuité répandus en propos ou-
trageants contre la République française et son premier magistrat. La nation ne partageait pas ces
dispositions malveillantes : ses véritables sentiments
s'étaient manifestés lorsque le général Lauriston
avait porté à Londres la ratification des préliminaires de paix ; il avait été accueilli partout sur son
passage par d'unanimes acclamations. C'était donc
au grand déplaisir du peuple anglais que les hostilités recommençaient; il prévoyait ce qu'il aurait à souffrir pour satisfaire une politique exercée

contre lui presque autant que contre la France.

On a dit que les violations du traité d'Amiens s'étaient manifestées autant de la part de Bonaparte que de celle des Anglais : cela est vrai; mais si l'on s'attache scrupuleusement aux dates, on reconnaîtra que le premier consul ne devint infidèle au traité que lorsqu'il lui fut bien démontré que le cabinet de Saint-James n'attendait qu'une occasion favorable pour reprendre les armes. Alors l'habile général, ne voulant pas se laisser surprendre, s'arrangea sur le Continent de manière à prévenir l'influence et même les alliances que l'Angleterre aurait pu y trouver. Nous le répétons, les diatribes de la presse anglaise, du parlement et de tout ce qui se rattachait à la cour ou au ministère, ne pouvaient laisser prendre le change sur l'inimitié persistante du gouvernement britannique ; ce que la diplomatie de Londres qualifia d'*usurpations territoriales* n'était qu'une suite de précautions dont l'utilité fut bientôt constatée.

L'Allemagne, durant presque toutes les guerres de la Révolution et de l'Empire, fut le théâtre des hostilités : les princes qui la gouvernaient éprouvèrent de grandes vicissitudes ; le remaniement de leur puissance et de leur territoire fut souvent la

conséquence des événements militaires. Dès l'époque du traité de Lunéville, on parut s'occuper de
les indemniser. Or, ce ne furent pas ceux qui avaient
perdu le plus qu'on indemnisa le mieux, mais ceux
dont on avait eu à se louer durant la guerre. L'empereur, s'étant réservé la répartition des indemnités,
en chargea M. de Talleyrand. Alors l'empire ger-
manique fut mis à un véritable encan : les principautés, les margraviats, les évêchés, les abbayes
furent adjugés aux plus offrants... Le commissaire-
priseur Talleyrand fit une belle affaire.

Elle avait été déjà passablement productive, lorsqu'en 1803, le ministre des relations extérieures
se rendit à Bourbon-l'Archambault, dont les eaux
lui étaient salutaires. Cette fois, comme toujours,
il emmenait une petite cour, que grossissaient incessamment les autorités des départements du Cher,
de l'Allier, de la Nièvre, et quelques châtelains du
pays. M. d'Hauterive était toujours du voyage de
Bourbon, et madame de Bonneuil y accompagnait
ordinairement la femme du ministre, par dévouement pour lui. Cette dame, dont le nom s'est déjà
trouvé sous notre plume, conservait, à soixante
ans, une beauté phénoménale; et lorsque madame Regnault de Saint-Jean-d'Angely, sa fille,

se trouvait auprès d'elle, on aurait pu lui dire :

Je vous sais gré d'avoir une sœur aussi belle,
On la prendrait, parbleu ! pour votre sœur jumelle.

Madame de Bonneuil était une des fidèles part-
ners du ministre au whist, qu'il aimait presque autant que l'argent, même quand il en perdait à ce
jeu. Mais il ne fallait pas que l'attentive joueuse fît
faire un faux pas à la règle : M. de Talleyrand était
intraitable sur ce chapitre; les souvenirs rosés qui
se réveillaient dans sa mémoire en faveur de cette
autre Ninon, s'effaçaient à l'aspect de la moindre
carte hasardée.

Si le ministre était mauvais joueur, personne aux
soupers de Bourbon-l'Archambault ne se montrait
plus aimable convive, surtout quand l'abbé de la
Romagère, curé du voisinage, se trouvait parmi
ses commensaux. C'était un de ces excellents prêtres dont l'espèce n'existe plus : ecclésiastiques to-
lérants qui ne damnaient personne, expédiaient vite
une messe et prolongeaient volontiers un repas.
L'abbé de la Romagère, invité à toutes les noces
de ses paroissiens, bornait rarement sa mission à
bénir les époux ; il faisait succéder le couplet au sacrement, et ses refrains visaient quelquefois au

genre de Grécourt. Un jour que le bon curé avait rempli les doubles fonctions de pasteur et de chansonnier, M. de Talleyrand voulut absolument qu'il lui chantât un couplet dont il avait régalé les nouveaux époux. Or, la grivoiserie était si forte, que tous les convives, le ministre excepté, furent saisis d'un fou-rire invincible; mais il fallait voir ce qu'il y avait de charmante malignité dans le prétendu sérieux du grand diplomate. Quand tous les visages commencèrent à reprendre leur immobilité, M. de Talleyrand se tournant vers M. d'Hauterive, lui dit avec une imperturbable gravité : « Vous avez « entendu l'abbé, il faut le faire évêque... » Quelle délicieuse critique de l'épiscopat!

M. de Talleyrand, dans ses moments d'abandon, se laissait quelquefois aller à d'étranges préoccupations; un soir, il racontait qu'aux dîners d'apparat donnés par le chevalier d'Azzara, ambassadeur d'Espagne, on cassait à dessein de fort belles assiettes, parce qu'il était d'une avarice extrême, et qu'alors le sourire qu'il affectait lui faisait faire la plus singulière grimace. Soudain, se tournant vers M. d'Hauterive, le ministre lui dit, comme s'il eût continué la même conversation : « Non, d'Hauterive, soyez-en sûr, il n'y a point de stabilité à

« espérer pour un gouvernement nouveau sans al-
« liance ; il faut au premier consul et à la France
« une grande alliance, une alliance de famille... Et
« il m'est souvent arrivé, quand j'allais dîner chez
« cet ambassadeur, de recommander aux valets qui
« servaient à table de briser quelque chose de
« prix pour voir contracter la figure du noble Espa-
« gnol... » Puis, sans la moindre transition de ton,
le ministre poursuivit : « Il n'y a pas de doute, il
« faut une alliance de famille ; mais voilà la diffi-
« culté... Deux grandes familles seules existent en
« Europe : la maison de Bourbon et la maison d'Au-
« triche ; il faudrait épouser l'une et écraser l'au-
« tre. »

Dans ce discours à bâtons rompus, M. de Talleyrand avait laissé envahir par la distraction sa
prudence ordinaire ; il se mordit les lèvres lorsqu'il
s'en aperçut. « *La maison de Bourbon et la maison
d'Autriche !... Épouser l'une et écraser l'autre...* »
Ceci se passait quelques mois avant ce terrible
coup d'État, qui devait imprimer une tache indélébile à la plus glorieuse vie des temps modernes ; et
les idées que le ministre avait liées pour exprimer
une double nécessité, grandissaient parallèlement
dans sa pensée. L'empire, déjà éclos dans les projets

du premier consul, révélait ses conditions impérieuses à M. de Talleyrand; il laissait entrevoir que la maison de Bourbon devait être écrasée et le divorce de Bonaparte accompli, pour laisser aux Tuileries la place d'une archiduchesse d'Autriche.

Après la saison des eaux de 1803, et avant de revenir à Paris, M. de Talleyrand alla prendre possession de la belle terre de Valençay, qu'il venait d'acheter du comte de Luçay, moyennant la somme de deux millions et cinquante mille francs d'épingles. Peut-être ces épingles servirent-elles à attacher quelques tuniques à l'Opéra, dont M. de Luçay était surintendant, au lieu d'être consacrées à la toilette de la jolie comtesse, sa femme... il faut toujours tant d'épingles à l'Opéra! Quoi qu'il en soit, le ministre resta possesseur d'une des plus somptueuses propriétés de France.

Il serait téméraire de prendre constamment les mots dans leur sens littéral; nous sommes convaincu qu'en parlant d'*écraser* la maison de Bourbon, M. de Talleyrand n'émettait pas une pensée sanguinaire. Écraser, dans l'idiome politique, signifie priver de toute influence, isoler de toute protection, anéantir moralement. Or, il nous semble important d'insister sur cette distinction lorsque nous abordons une phase historique dans laquelle une responsabilité assez terrible pesa sur le héros de cette histoire, sans qu'on rende sa renommée solidaire d'un meurtre. Il nous paraît logique de penser que ce ministre était trop habile pour commettre une telle action. Nous ne prétendons pas toutefois le déclarer innocent de toute participation à cette lugubre affaire; seulement il nous semble évident que sa participation finit lorsque le duc d'Enghien mit le pied sur le seuil du donjon de Vincennes.

Au commencement de l'année 1804, M. Drake, ambassadeur d'Angleterre à la cour électorale de Munich, conspirait ouvertement contre la République française et surtout contre son chef; il entretenait des agents payés dans l'intérieur de la France; il embauchait des agents de révolte; des trames étaient ourdies, sous sa direction, pour faire soulever d'abord les quatre départements les plus rapprochés du Rhin. Là devait se former une armée de mécontents, qui, dans les espérances des conspirateurs, devait se grossir promptement, puis marcher sur Paris et renverser le gouvernement consulaire. Une correspondance interceptée mit au jour la conspiration; l'Europe put juger avec quelle

loyauté le gouvernement anglais faisait la guerre.
Or, la découverte de cette trame fit rechercher à
Paris les fils qui pouvaient y aboutir : Georges Cadoudal fut arrêté, et, par suite, Pichegru et Moreau,
dont il faut bien se garder de confondre l'infâme
conduite avec celle du conspirateur royaliste. On
sait qu'il n'avait rien voulu accepter de Bonaparte,
et n'avait rien voulu lui promettre; il suivait donc,
en conspirant, la ligne de devoirs qu'il s'était imposée; il servait la cause de ses convictions. Sans
doute le dévouement sauvage de ce chef de parti ne
peut être approuvé sans restriction; un brave officier combat et ne conspire pas... Mais des soldats
que la patrie a élevés sur son pavois jusqu'au premier rang des généraux, et qui, pour obéir à une
basse jalousie, cherchent à lui déchirer le sein! Il
n'est pas d'anathèmes assez foudroyants pour les
flétrir.

Dans son interrogatoire, M. de Cadoudal déclara
qu'une conspiration se tramait à l'extérieur, et que
pour en commencer l'exécution, on attendait un
prince français. Il est des coïncidences dont il est
difficile de repousser entièrement l'autorité : le duc
d'Enghien arrivait à Etteinhem, dans le grand-du-
ché de Bade, à l'époque même où Georges faisait

cette déclaration à Paris. Si, d'un autre côté, l'on
veut examiner les explications données du séjour
de l'altesse française aux bords du Rhin tandis
que l'on conspirait en France, au nom de sa famille, on aura peine à accepter les motifs de chasse
ou de galanterie qui furent alors allégués, surtout
en constatant que Dumouriez se trouvait à Etteinhem en même temps que le descendant des Condé.
Il eût fallu s'abandonner à la plus candide confiance pour admettre de telles raisons, et M. de
Talleyrand se serait cru personnellement atteint
dans sa réputation politique, s'il n'eût pas dévoilé
au premier consul cet état de choses suspect et ma-
ladroitement motivé. Voici donc en quoi consista
réellement la part que ce ministre prit à la catastrophe du malheureux duc d'Enghien :

Le 19 ventôse an XII, il se tint un conseil aux
Tuileries, dans lequel l'enlèvement du prince fut
décidé. On ne peut guère se refuser à croire que
M. de Talleyrand, s'il ne proposa point le premier
cette mesure violente, dut l'appuyer de tout son
pouvoir : ceci devient plus qu'une présomption,
lorsqu'on se rappelle la réflexion échappée au ministre durant le souper de Bourbon-l'Archambault.
D'ailleurs, la lettre qu'il écrivit le lendemain au ba-

ron d'Edelheim, ministre d'État à Carlsruhe, est
confirmative de l'opinion que le diplomate français dut exprimer dans le conseil. Nous reproduisons textuellement cet écrit.

« Monsieur le baron,

« Je vous avais envoyé une note dont le con-
« tenu tendait à requérir l'arrestation du comité
« d'émigrés français siégeant à Offenbourg, lors-
« que le premier consul, par l'arrestation succes-
« sive des brigands envoyés en France par le gou-
« vernement anglais, comme par la marche et le
« résultat des procès qui sont instruits ici, reçut
« connaissance de toute la part que les agents an-
« glais à Offenbourg avaient prise aux terribles
« complots tramés contre sa personne et contre la
« sûreté de la France. Il a appris de même que le
« duc d'Enghein et le général Dumouriez se trou-
« vaient à Etteinheim; et comme il est impossible
« qu'ils se trouvent en cette ville sans la permis-
« sion de Son Altesse Électorale, le premier consul
« n'a pu voir sans une profonde douleur qu'un
« prince auquel il lui avait plu de faire éprouver

« les effets les plus signalés de son amitié, pût don-
« ner un asile à ses ennemis les plus cruels, et
« laissât ourdir tranquillement des conspirations
« aussi évidentes.

« En cette occasion si extraordinaire, le premier
« consul a cru devoir donner à deux *petits* déta-
« chements l'ordre de se rendre à Etteinheim pour
« y saisir les instigateurs du crime qui, par sa na-
« ture, met hors du droit des gens tous ceux qui
« manifestement y ont pris part. C'est le général
« Caulaincourt qui, à cet égard, est chargé des
« ordres du premier consul; vous ne pouvez pas
« douter qu'en les exécutant il n'observe tous les
« égards que Son Altesse peut désirer. Il aura
« l'honneur de remettre à Votre Excellence la lettre
« que je suis chargé de lui écrire.

« Recevez, Monsieur le Baron, etc.,

« CH.-MAURICE TALLEYRAND. »

Cette dépêche ne suffit pas, en définitive, pour faire
peser sur Maurice de Talleyrand tout l'odieux de la
mort du prince émigré ; et tout ce qu'on a débité
pour imputer à cet homme d'État une complicité

plus prolongée, ne repose que sur des suppositions, non-seulement dépourvues de preuves, mais sans vraisemblance. On a parlé d'une lettre que le duc aurait écrite au premier consul, et que M. de Talleyrand aurait retenue. D'abord, comment cet écrit, qu'on eût naturellement porté aux Tuileries, serait-il tombé entre les mains du ministre, rue du Bac? Comment surtout supposer que M. de Talleyrand, avec un magistrat suprême aussi absolu que Bonaparte, aurait osé intercepter une lettre qui lui eût été adressée. Dans quel but, d'ailleurs, cette infidélité eût-elle été commise? Quelle raison plausible en a-t-on jamais donnée? Aucune. M. de Talleyrand, homme doux et modéré, homme prévoyant et habile calculateur de l'instabilité des choses de ce monde, ne pouvait avoir aucun intérêt à tremper ses mains dans le sang d'un Bourbon. Nous avons expliqué plus haut ce que ce ministre entendait par *écraser* l'ancienne famille royale. Or, assassiner ses membres, ce n'était pas l'écraser dans le sens entendu par M. de Talleyrand : loin de là, le martyre rehaussait cette maison, ignorée des trois quarts de la génération, et le premier politique de l'Europe eût compris cette *faute*, qui, selon l'expression de Fouché, était plus qu'un crime. M. le

duc de Rovigo, qui donna directement l'ordre de
l'exécution, déclare lui-même, dans ses *Mémoires*,
que la mention tant de fois répétée de la lettre du
prince au premier consul est une erreur; que le duc
d'Enghien n'a point écrit cette lettre; que personne
aux Tuileries n'avait entendu parler d'une telle lettre; que seulement le prince, par quelques mots écrits
au bas de son premier interrogatoire, avait demandé
à parler au premier consul. Qui donc, maintenant,
pourra admettre que le ministre des relations extérieures ait pu s'opposer à ce que les intentions du
prince fussent remplies, quand tout fut précipité
dans cette funeste occurence? Il faut donc, pour
rester dans les voies de l'équité, reconnaître que la
participation de M. de Talleyrand, dans le drame lugubre de Vincennes, se borna à justifier, à proposer peut-être l'arrestation du prince français; ce fut
trop encore pour la renommée de ce ministre, puisque cette mesure amena le meurtre du dernier des
Condé. Tout porte à croire que M. de Talleyrand
ne voyait dans l'arrestation du duc d'Enghien que
la nécessité de s'assurer d'un Bourbon qui conspirait, sans nul doute; c'était trop peu présumer de
la colère, juste après tout du premier consul, dont
le sang n'était pas de boue, comme il l'a dit avec

son élocution énergique. Mais c'est à tort qu'un biographe de nos jours a pensé que M. de Talleyrand pouvait faire quelque chose pour sauver la vie du prince : la volonté de Napoléon était un torrent qu'aucune puissance ne pouvait contraindre à remonter son cours.

IV

L'exécution de Vincennes ternit certainement la
brillante carrière de Bonaparte ; son étoile en fut
un moment obscurcie. Cependant son avénement
au trône impérial, quelques mois après cette action
sanglante, ne fut pas moins salué par les acclama-

tions presque universelles de la France. Pour quiconque avait observé attentivement la conduite de M. de Talleyrand depuis le 18 brumaire, il était constant que ce ministre, plus qu'aucun autre conseiller de Napoléon, l'avait poussé à restaurer la monarchie. Chaque jour, l'habile politique représentait au premier consul que plus la forme du gouvernement se rapprocherait de celle des gouvernements étrangers, plus il deviendrait facile d'entretenir ou de rétablir la bonne intelligence avec eux. « La république, disait-il, est, dans la situation actuelle de l'Europe, en complète inharmonie avec tous les États. » L'empereur tint promptement compte à son ministre des conseils qui coïncidaient si bien avec ses vues. Au mois de messidor an XII, c'est-à-dire deux mois à peine après la fondation de l'empire, M. de Talleyrand, toujours ministre des relations extérieures, fut élevé à la dignité de grand-chambellan. Ce fut en cette qualité qu'il suivit l'empereur à Milan, lorsqu'il alla ceindre cette couronne de fer que Charlemagne avait brisée sur le front du dernier roi des Lombards.

Le sacre de l'empereur, par le pape, causa quelque inquiétude à M. de Talleyrand : il savait combien Napoléon tenait à cette consécration religieuse, et Pie VII élevait des prétentions exorbi-tantes. Les craintes du ministre furent bientôt dissipées. L'empereur, après avoir lu sans la moin-dre émotion l'*ultimatum* du Saint-Siège, biffa les articles qu'il n'acceptait point, et écrivit de sa main sur la pièce officielle :

« J'ai demandé une complaisance; si on me fâche
« j'imposerai un devoir. *Successeur de Charlema-*
« *gne, j'ai hérité de sa puissance.* Que l'on n'ou-
« blie point à Rome que des papes mis en jugement
« ont plaidé leur cause devant le tribunal de l'em-
« pereur. »

Soudain les négociations changèrent de face, et la conclusion devint ce que l'empereur voulait.

Si l'on n'a pas oublié que M. de Talleyrand fut, en 1796, l'un des amis du général Bonaparte les plus familiers, celui d'entre eux qui lui conseilla avec le plus de liberté de suivre le chemin d'une grande fortune en épousant madame de Beauhar-nais, quoique ce chemin fût semé de roses effeuil-lées pour un autre que le jeune général; si l'on n'a pas, disons-nous, oublié ces détails, que doit-on penser du descendant des comtes souverains de la Marche, passant la chemise d'un sous-lieutenant de 1785, se tenant debout, au grand couvert, derrière

l'empereur qu'il avait quelque peu façonné de ses
mains, et lui donnant à laver après le repas. Mais,
nous l'avons dit, M. de Talleyrand était doué d'un
naturel ductile, qui prenait toutes les courbures,
pourvu qu'il eût à incliner vers les richesses : l'or
était son aimant. La présence assez fréquente de
M. de Talleyrand au château, dans ses fonctions de
grand-chambellan, était une bonne fortune pour
tout le service d'honneur, pour les dames surtout,
dont il faut amuser l'esprit dans les instants où
leur cœur n'est pas occupé. Lorsque le spirituel et
caustique dignitaire paraissait dans les appartements, une foule compacte de courtisans se formait
tout aussitôt autour de lui. « Avec les hommes, a
« dit un chroniqueur moderne, il devisait d'actua-
« lités historiques ou politiques, il esquissait vo-
« lontiers un portrait, et rarement il se défendait
« d'y ajouter quelque trait de caricature. Avec les
« dames, M. de Talleyrand brodait les plus jolies
« phrases du monde sur un texte présque toujours
« galant dont il savait éluder assez heureusement
« la gravelure pour qu'il piquât la curiosité sans
« effaroucher la pruderie. » Mais si, par occasion,
le grand-chambellan, enveloppé d'un cercle d'officiers aux oreilles aguerries, avait à donner son avis

sur une femme, il était rare qu'il n'effleurât pas sa réputation de quelque malicieuse remarque : comme le chat, il égratignait en se jouant. Un matin on introduisit dans le salon d'attente une délicieuse petite femme qui venait prêter serment en qualité de dame du palais. Un cri euphonique d'admiration l'accueillit ; mais en même temps chacun fut frappé d'une chose, c'est que sa robe ne balayait point le parquet, ainsi que l'exigeait impérieusement l'étiquette de l'ancienne cour, soigneusement restaurée par le grand-maître des cérémonies Ségur... On ne tarda pas à découvrir le motif déterminant de ce costume écourté : la nouvelle dame du palais avait le pied si petit, si petit, que Cendrillon en eût été jalouse. M. de Talleyrand promenait sur la dame un regard investigateur, déjà passablement expliqué par le sourire de Méphistophélès qui l'accompagnait. Un chambellan voulut toutefois avoir la traduction littérale du regard et du sourire. « Monseigneur, dit-il au grand-chambellan, que « pensez-vous de cette dame? — Je pense, répon- « dit M. de Talleyrand, que sa jupe est un peu « courte pour prêter un serment de fidélité. »

La campagne d'Austerlitz, dans laquelle le diadème impérial de Napoléon fut un moment mis

comme enjeu sur l'échiquier de la guerre, devint
pour lui ce que le gain d'une brillante partie est
pour le joueur qui fait son va-tout, elle consolida
l'empire qu'elle venait de compromettre, et mit aux
mains de l'empereur les inflexibles ciseaux dont il
découpa à son gré le territoire des vaincus pour
gratifier lui et ses alliés. M. de Talleyrand avait
conçu un plan que l'empereur repoussa, et ce fut
un tort : par le remaniement territorial proposé,
l'Autriche, entièrement exclue d'Italie, s'agrandis-
sait sur le Danube ; elle se trouvait ainsi en contact
avec la Russie, qui devait renoncer à ses vues sur
l'empire ottoman, et les reporter vers l'Asie, au
grand déplaisir de l'Angleterre, dont la prépondérance tient si essentiellement à ses possessions de
l'Inde. L'empereur préféra augmenter la puissance
des petits États aux dépens des grands. Nous n'a-
vons point à nous occuper de ces détails, surabondamment reproduits par l'histoire générale ; nous
remarquerons seulement que Napoléon, comme politique, avait un grand défaut dont M. de Talleyrand ne put le corriger : c'était un mélange d'exigence et de générosité qui ne fut jamais admis dans
les traités sans offrir à celui qui l'émettait un retour plus ou moins prochain de l'inimitié des vain-

cus. Napoléon oublia trop que les ménagements du vainqueur humilient plus celui qu'il abat que les rigueurs elles-mêmes; pour triompher sûrement, il faut réduire son ennemi à l'impuissance. L'empereur ne voulut jamais user d'une telle sévérité, ce fut ce qui le perdit; car en laissant dans chaque traité le germe d'une nouvelle guerre, comme le dit un écrivain moderne, ce souverain alimenta la source des hostilités, et ce fut à lui qui, le plus souvent les accepta malgré lui, que l'on reprocha de les avoir perpétuées.

M. de Talleyrand, tout profond politique qu'il était, avait ses utopies comme un autre : au nombre de ces dernières, on peut classer hardiment le projet d'un congrès permanent établi à Francfort, afin de réaliser cette paix universelle qui fut le rêve doré du bon abbé de Saint-Pierre. Ce congrès, divisé en trois colléges, devait offrir, dans le premier, les ambassadeurs des quatre grandes puissances, la France, l'Autriche, la Russie, la Prusse; le deuxième collége se composerait des puissances du second ordre; le troisième admettrait les envoyés des souverains du dernier rang. Ces diverses catégories devaient être consultées selon l'importance des intérêts en délibération. Nous n'avons rien connu de plus fantastique, si ce n'est l'école de rois qu'il entra un moment dans les vues de Napoléon d'établir au château de Meudon. Les grands hommes sont quelquefois de grands enfants... Mais, quand M. de Talleyrand proposa à l'empereur son projet de congrès permanent, la pensée de ce souverain recherchant les choses positives, sa vive pénétration aperçut ce qu'on pouvait tirer du plan de son ministre, et de ce plan singulièrement modifié sortit la confédération du Rhin.

Après le traité de Presbourg, qui taillait des principautés nouvelles dans d'anciennes provinces d'Italie, l'empereur créa des grands feudataires, qui joignirent à leurs noms, pour la plupart plébéiens, ceux des fiefs qu'on leur concédait. Le titre de prince n'avait même été acquis qu'aux membres de la famille impériale, et c'était déjà beaucoup, dans un état qui s'appelait encore une république. Tout à coup on vit reluire dans les colonnes du *Moniteur* des altesses sérénissimes, et pour son compte, M. de Talleyrand fut créé prince de Bénévent. Jusqu'à cette faveur personnelle, le ministre des affaires étrangères (car cette désignation venait d'être restaurée) s'était insurgé contre le rétablissement d'une sorte de féodalité :

« Comment voulez-vous, avait-il dit, que l'on sa-
« lue de la qualité d'altesse sérénissime des hom-
« mes éminents sans doute, mais auxquels cinq ou
« six cents personnes dans Paris ont donné un
« louis par consultation. Vous conviendrez que
« cela n'a pas le sens commun. Mais lorsque le
prince de Bénévent eut sa part à la curée des hautes
dignités, il trouva que l'abus contre lequel il s'é-
tait élevé n'avait rien du tout de choquant. Du
reste, lorsqu'il recevait des félicitations sur sa dignité princière, il ne manquait jamais de répondre :
Passez chez madame ; les femmes sont toujours char-
mées d'être princesses. » Ceci signifiait assez clairement, ce me semble : « Je n'avais pas besoin d'un
nouveau titre pour être illustre, et je suis plus noble
par la simple baronnie de mes pères, que par cette
principauté de fraîche date qu'il faut bien que j'ac-
cepte. » Le dédain de l'ancien grand seigneur pour
les nouveaux titres éclatait dans toutes les circonstances ; nous devons ajouter toutefois que ce n'é-
tait jamais devant l'empereur. Un jour, il rencontra dans le salon des Tuileries un chambellan
d'une princesse impériale, ancien duc et pair :
« Félicitez-moi, Monseigneur, dit celui-ci au grand-
chambellan ; l'empereur vient de me nommer

comte... » Comment donc, répondit le malin critique, je vous félicite bien sincèrement, d'autant plus qu'il faut espérer qu'à la première promotion, vous serez baron.

Mais si M. de Talleyrand plaisantait volontiers des parchemins d'origine impériale , il avait en grande vénération les véritables titres de gloire acquis par la valeur ou le mérite : le duc de Reggio, qui vient de terminer sa belle carrière , était le héros de prédilection du célèbre diplomate; il l'appelait son Bayard... « Que le Panthéon serait bien peuplé, disait un jour M. de Talleyrand, si ce temple dédié aux grands hommes par la patrie reconnaissante recevait des guerriers comme mon Bayard; cela viendra peut-être... en attendant, on y met des sénateurs. »

Cependant l'armée française, à peine remise des fatigues de la guerre qu'avait terminée le traité de Presbourg, dut se préparer à de nouveaux combats au mois d'octobre 1806. L'envoyé de la cour de Prusse, qui avait complimenté l'empereur Napoléon le lendemain de la bataille d'Austerlitz, était parti de Berlin, avec l'espoir d'adresser à l'empereur Alexandre ces mêmes félicitations; la victoire en avait changé l'adresse. Le roi de Prusse dut alors ajourner ses projets hostiles. Mais l'empereur de Russie, vaincu à Austerlitz, et passant à Postdam, à son retour dans ses États, avait juré sur le tombeau du grand Frédéric de soutenir le successeur de ce roi philosophe, comme on l'appelait quand on ne le connaissait pas. Le bruit courut alors qu'en chevalier courtois Alexandre s'était laissé engager dans cette nouvelle coalition pour plaire à la belle reine de Prusse, dont les transports guerriers devaient être bientôt inscrits dans les fastes du ridicule. Confiant dans les promesses du tzar, Frédéric arma ses troupes, approvisionna ses places de guerre, et prit une attitude évidemment hostile. Des notes nombreuses furent échangées entre M. de Talleyrand et le ministre d'État prussien, baron de Knobelsdorff : longtemps le premier se plaignit des armements de la Prusse, que le second persistait à nier; enfin le diplomate allemand laissa tomber son masque, et la guerre commença. On sait qu'elle en fut l'issue.

M. de Talleyrand, qui avait suivi constamment le quartier-général, se trouva à Tilsitt pour négocier, lorsque le canon eut cessé d'être la raison des rois engagés dans la lutte. Or, il n'est point de conférences diplomatiques sans dîners, quand les ambas-

sadeurs négocient autour du même tapis, et le ministre français, en arrivant à Tilsitt, ne trouva pas
une seule bouteille de vin de Madère, lui qui ne
pouvait s'en passer. Dans cette situation perplexe,
il saisit la plume et écrivit ce qui suit à M. Daru,
intendant général de l'armée : « Mon cher Daru, je
« suis persuadé d'une chose, c'est qu'en tradui-
« sant Horace, lorsque vous êtes venu à cette ode
« délicieuse qui commence par ces mots : *Nunc est*
« *bibendum*, vous n'avez pas pensé qu'Horace con-
« seillât de boire de l'eau ; c'est pourtant où j'en
« serais réduit si vous ne me cédiez pas un peu
« des provisions que vous faites pour l'empereur. »
On pense bien que M. Daru s'empressa de faire
droit à une aussi spirituelle pétition.

M. de Talleyrand s'opposa, autant qu'il le put, à
ce que la Prusse fût admise aux négociations;
dans l'opinion de ce diplomate, le rétablissement
du royaume de Pologne était un préalable indispensable, comme une digue à opposer à la Russie.
Or, cette grande disposition nécessitait un retran-
chement considérable du royaume de Prusse.
Malgré l'avis du ministre français, des plénipotentiaires prussiens firent partie du congrès; mais ce
fut surtout aux coquetteries de la reine que Frédéric-

Guillaume dut la restitution de la Silésie. Cette princesse espérait bien davantage, lorsqu'à un dîner chez l'empereur Napoléon, élevant une coupe de cristal où pétillait le champagne, elle dit en fixant un regard caressant sur le vainqueur : « Au rétablissement du royaume de Prusse ! » Et, tandis qu'elle portait le verre à ses lèvres, Napoléon répondit : « Madame, ne buvez pas tant. » Mot aussi ingénieux que significatif, qui fit pâlir la jeune souveraine. Dès lors toutes ses gracieusetés auprès de l'empereur des Français cessèrent ; elle ne put lui pardonner d'avoir retenu Magdebourg, cette place réputée si forte, et que nos ingénieurs appelaient la *Folie de Vauban*.

Néanmoins Napoléon, pour la première fois de sa vie, se sentit faiblir ; et le soir même, ayant mandé M. de Talleyrand, il lui prescrivit d'en finir immédiatement avec le prince de Kourakin, ministre plénipotentiaire de la Russie.... Plus tard, l'empereur assura que l'arrivée de la reine de Prusse à Tilsitt avait avancé la signature du traité de huit à dix jours, au grand déplaisir de cette princesse, qui, comme toutes les femmes, était habile à reconnaître l'empire qu'elle exerçait sur le conquérant.

Le traité de Tilsitt fut le dernier que signa M. de

Talleyrand; un décret impérial du 8 août lui donna pour successeur au ministère des affaires étrangères M. de Champagny, qui fut depuis duc de Cadore. La dignité de vice-grand-électeur, que l'ex-ministre reçut alors, ne couvrit pas entièrement sa disgrâce; car c'en était bien une, et elle fut attribuée généralement à un avis contraire aux projets de l'empereur sur l'Espagne. D'autres versions ont circulé sur la brillante retraite du ministre qui, durant huit années, avait tissu les destinées politiques du Consulat et de l'Empire. Les uns rétendaient que, dans cette circonstance, Fouché, rival d'adresse et d'intrigues de M. de Talleyrand, était parvenu à exciter contre lui le mécontentement de l'empereur, en insinuant à sa majesté que le diplomate s'attribuait tout l'honneur des grandes dispositions et des belles institutions créées dans cette période de huit années. Les autres prétendaient que, sans l'aveu de Napoléon, le ministre avait entamé des négociations avec l'Angleterre; d'autres enfin affirmaient que des tripotages d'argent trop scandaleux avaient déterminé le renvoi du conseil de l'homme d'État qui en était l'une des plus éclatantes lumières.

Quoi qu'il en soit, M. de Talleyrand ne devint

jamais étranger aux affaires tant que dura le régime impérial, et ce fut un malheur, car il est trop avéré qu'en 1808 le dévouement réel qui l'avait attaché à l'empereur fit place à un vif ressentiment, et le ressentiment ne mesure guère ses actions. Pour qu'il en eût été ainsi, il fallait que la rupture du souverain avec son ministre eût offert des incidents bien graves, car le riche appareil posé sur la blessure faite à son amour-propre pouvait guérir bien des blessures du même genre. C'était un topique d'une vertu héroïque que la dignité de vice-grand-électeur de l'empire, avec un revenu de cinq cent mille francs. D'un autre côté, M. de Talleyrand ne devait pas désespérer de l'avenir, puisqu'il prétendait « qu'en politique on ne meurt que pour ressusciter; » principe dont M. Thiers, son élève, n'est pas moins pénétré que lui.

Le prince de Bénévent accompagna l'empereur lors de l'entrevue d'Erfurt, en qualité de grand chambellan ; pour un homme à moitié disgracié, il fut trop initié aux conférences secrètes qui eurent lieu entre Napoléon et l'empereur Alexandre, et nous avons l'assurance que l'un et l'autre, à des époques différentes, s'en trouvèrent mal.

Quelques écrivains ont avancé que, loin d'avoir

été contraire aux événements d'Espagne en 1808,
M. de Talleyrand les avait conseillés et préparés
depuis longtemps. D'après cette version, l'empereur
lui aurait ordonné de recevoir à son château de Valençay le prince des Asturies et son frère don Car-
los, avec injonction d'y rester quelque temps près
d'eux. Outre que la disgrâce du prince de Bénévent
ne pouvait s'expliquer par suite d'événements qu'il
eût provoqués, les traditions des Tuileries ont
prouvé d'une manière irréfragable qu'en faisant du
grand diplomate le geôlier des infants, l'empereur
avait prétendu le punir de son opposition, en le
compromettant auprès de ces partisans des Bourbons que l'on devait appeler plus tard des *légitimistes*.

Quelle que soit la cause qui fit retirer le portefeuille des affaires étrangères à M. de Talleyrand,
elle n'irrita pas à tel point Napoléon qu'il n'ait encore consulté souvent cet homme d'État, après sa
retraite des affaires, et nous avons vu plus haut que
l'empereur l'emmena à Erfurth, moins comme
grand-chambellan qu'en qualité de conseiller. Bien
plus, l'ex-ministre des affaires étrangères remplit,
dans cette circonstance, les fonctions d'archi-chancelier d'État, en l'absence du prince Eugène Beau-

harnais, titulaire de cette charge. Ce fut le prince de Bénévent qui présenta à l'empereur Napoléon les ambassadeurs étrangers, entre autres le comte Tolstoy, ambassadeur de Russie. M. de Talleyrand reçut alors des mains du tzar Alexandre la plaque en diamant de l'ordre de Sainte-Anne qui brilla sur sa poitrine, à côté de celle de Marie-Thérèse, dont il avait été décoré en 1806. Ces décorations, avec vingt autres dont le célèbre diplomate fut chamarré, et cinquante tabatières plus ou moins riches, composent une sorte de musée au château de Rochecotte, en Touraine, appartenant à madame la duchesse de Dino. Ce serait une curieuse notice à faire que celle relatant les titres auxquels ces magnifiques présents avaient été accordés. Peut-être les Mémoires de M. de Talleyrand contiendront-ils un chapitre *ad hoc*.

Napoléon eut donc en 1809 d'autres griefs contre le ministre, et nous sommes tenté de croire, en partie, à l'exactitude de l'épisode suivant.

M. de Talleyrand avait toujours considéré le divorce de Napoléon et son alliance avec une maison souveraine comme une nécessité politique : nous avons donné une preuve de son opinion à cet égard, dans sa préoccupation distraite au souper de Bourbon-l'Archambault. Or, un soir, au milieu de ses causeries intimes avec son ministre des relations extérieures, Napoléon parla avec quelque abandon du projet de divorce déjà arrêté dans son esprit. Apparemment M. de Talleyrand ébruita à dessein cette conversation, dont l'objet était conforme à ses vues, et son indiscrétion même dut être la conséquence d'un calcul. En effet, l'entretien de l'empereur avec M. de Talleyrand vint, dit-on, aux oreilles de Joséphine. Elle ne songea d'abord qu'à se désoler, puis elle s'inspira d'un sentiment digne du rang où elle avait été élevée, en s'arrêtant au projet d'en descendre d'elle-même. Ce parti étant pris irrévocablement, au moins le croyait-elle, l'impératrice se mit à rédiger une lettre au Sénat, que madame de Rémusat fut chargée de remettre. Mais la dame du palais différa de remplir cette mission, et prit sur elle d'en parler à l'empereur. On ajoute que Napoléon courut auprès de Joséphine, la rassura, et nia purement et simplement ce qui s'était passé entre lui et M. de Talleyrand. Nous pensons que rien n'est moins authentique que cette lettre écrite au Sénat par l'impératrice; une telle démarche n'eût été d'accord ni avec la soumission ordinaire de Joséphine aux volontés de l'empereur, ni avec la

crainte perpétuelle de lui déplaire, qui était la règle
de toute sa vie ; mais, quelle qu'ait été la suite de
l'entretien intime où l'empereur avait laissé pénétrer son projet de divorce, il ne pardonna pas au
grand chambellan une indiscrétion qui dévoilait un
secret qu'il voulait encore céler. Peu de jours après,
le prince de Bénévent dut résigner, en faveur de
M. de Montesquiou-Fézensac, la première charge
de domesticité du palais impérial.

Lorsque M. de Talleyrand eut abandonné la direction du service d'honneur, les causeries spirituelles du château offrirent un grand mécompte.
M. de Montesquiou était certainement un homme
honorable, mais quel déficit dans les manières, le
ton, le langage ! on eût dit un acteur de Brives-la-
Gaillarde abordant l'emploi de Talma, ou bien
Odry s'essayant dans les rôles d'Elleviou. Quelle
différence aussi dans les précédents des deux grands
officiers : M. de Montesquiou, châtelain des vieux
âges, avait passé jusqu'alors sa vie à s'inspirer de
son illustration héraldique; M. de Talleyrand, sans
abjurer les mêmes prétentions, avait considéré la
révolution comme une pièce à tiroirs, dans laquelle
Arlequin devait se montrer habile à prendre tous les
déguisements pour obtenir sa Colombine... c'est-à-

dire la fortune. Combien de fois n'admira-t-on pas l'agilité sans seconde de l'homme qui, déposant la mître épiscopale, se fit lévite à ceinture tricolore en 1790, puis abbé portant queue à Londres , puis citoyen à l'essai aux États-Unis, puis ministre en costume théâtral sous le Directoire, puis grand seigneur d'épée sous l'Empire; assaisonnant toutes ces conditions successives d'une galanterie fort active, d'une morale de vaudeville sémillante et féconde en pointes de couplets, sauf la rime ; M. de Talleyrand seul a fourni plus d'*anas* que tous les beaux-esprits du siècle... Les dames du palais impérial regrettèrent vivement un grand chambellan pourvu de tant de qualités aimables. « C'est fini, dirent-elles; plus de jolies petites pièces à la Dorat, pour rompre l'uniformité de nos longues comédies sans comique, quoique le ridicule n'y manque pas. »

« Lorsque M. de Talleyrand eut perdu le titre de « grand-chambellan, dit un biographe que nous « avons déjà cité, sa position devint de plus en « plus difficile. Napoléon n'aimait pas les mécon-« tents, même muets. Quand M. de Talleyrand par-« lait, on ne manquait pas d'envenimer ses paroles; « et s'il ne parlait pas, de le faire parler. Il en ré-« sultait des scènes d'une violence et d'une mala-

« dresse extrêmes de la part de l'empereur, suppor-
« tées toujours par M. de Talleyrand avec cet histo-
« rique sang-froid que tout le monde connaît.
« Menacer chaque jour les gens de les faire fusiller,
« en leur laissant une grande existence, une grande
« influence, tous les moyens de nuire, est d'une
« politique déplorable : ce fut trop souvent la poli-
« tique de l'empereur. N'osant pas, ne voulant pas,
« ou ne se croyant pas suffisamment fondé à sévir,
« il pensait que la menace est toujours bonne à
« quelque chose, et il menaçait sans relâche et sans
« retenue. Il blessait, humiliait, irritait M. de Tal-
« leyrand, sans jamais le frapper, et préparait ce
« qu'il croyait empêcher. Quelquefois il mélangeait
« les bourrades et les faveurs. Ainsi, dans le mo-
« ment où il épargnait le moins son ex-ministre, le
« sachant endetté par suite de malheureuses spécu-
« lations de bourse, il consentait à lui acheter tout
« meublé, et fort cher, un hôtel dont il lui laissait
« emporter les meubles ; et à peu près dans le même
« temps, par une taquinerie bizarre, il refusait de
« lui payer le loyer de son château de Valençay,
« qu'il avait affecté d'autorité à la résidence des
« princes d'Espagne. »
Dans ce paragraphe sont déduites, avec autant de

vérité que de précision, les causes qui, d'un serviteur longtemps fidèle à l'empereur, firent son plus
dangereux ennemi. Les blessures de la vanité ont
cela de particulier, que le topique le plus adoucis-
sant, le plus salutaire, appliqué par la main qui
blesse, les irrite et les perpétue : rien n'est impor-
tun comme les bienfaits d'un ennemi. Malheureusement l'empereur, après le mélange de menaces et
de générosités signalé plus haut, eut recours plusieurs fois à l'expérience de M. de Talleyrand ; et,
depuis 1809 jusqu'en 1814, ce fut toujours dans les
voies de l'hypocrisie, et, sinon de la trahison ouverte, du moins de la haine, qu'il fallut l'aller prendre. Plus d'une fois Napoléon regretta l'habileté
cauteleuse, mais sûre, de son ancien ministre ; le
nouveau, honnête homme par excellence, avait tous
les défauts de cette qualité : le scrupule l'arrêtait
souvent dans les conclusions ; et la conscience, cette
vertu essentiellement antipathique à la diplomatie,
venait souvent ralentir les conclusions qu'il fallait
brusquer. Aussi, dès 1809, à l'issue de cette glorieuse mais trop sanglante campagne qui rendit une
seconde fois l'armée française maîtresse de Vienne,
Napoléon, assis à Schœnbrun au bureau de Marie-
Thérèse, reprochait à M. de Champagny les lenteurs

apportées dans les négociations. «Talleyrand, lui disait-il, avait une allure plus vive; cela m'eût coûté trente millions dont il aurait pris la moitié, mais tout serait fini depuis longtemps. »

A propos de cette guerre, où la fortune de Napoléon fut, comme en 1805, risquée toute entière, nous devons ajouter que M. de Talleyrand ne l'approuvait point, et c'était une erreur de sa politique. Il était impossible d'éviter des hostilités qui naissaient de l'humiliation de l'empereur d'Autriche, et de l'espérance d'une revanche éclatante. Le mot suivant, attribué au célèbre diplomate, n'a donc que l'autorité d'une saillie : « Moi, disait-il un jour à ses amis, « moi qui eus toute ma vie « une si grande prédilection pour les formes ron-« des, l'empereur finira par m'en dégoûter. — Et « pourquoi donc, Monseigneur, demanda M. de « Montrond. — A cause des boulets de canons. »

Il y aurait beaucoup à prouver pour établir que, durant la campague de 1809, en Autriche, il y eut, à Paris, un plan concerté entre Fouché, duc d'Otrante, et M. de Talleyrand, prince de Bénévent, pour renverser Napoléon; mais il y eut au moins un rapprochement de ces deux grands ressorts de l'intrigue politique. Madame de Sainte-

Croix pour Fouché, et la princesse de Vaudemont pour M. de Talleyrand, combinèrent, dit-on, leurs efforts, afin de former ce nœud, qui avait paru jusqu'alors impossible; et l'on assure que les deux ex-constituants se trouvèrent d'accord... Mais fut-ce réellement pour trahir l'empereur ? On ne peut admettre cette version, contre laquelle protestent les faits qui s'accomplirent à cette époque. M. de Talleyrand ayant été mis hors des affaires, le crédit de Fouché avait été restauré à la cour des Tuileries : c'était, depuis le Consulat, l'effet ordinaire de la disgrâce de l'un ou de l'autre ; quand les actions de l'ex-évêque baissaient, celles de l'ex-oratorien montaient, et *vice versa*. Or, les actions du dernier s'étant trouvées en hausse au moment du départ de l'empereur pour se mettre à la tête de son armée, le duc d'Otrante avait été chargé, avec Cambacérès, de la direc. on des affaires intérieures ; ce qui, soit dit en passant, dut causer un cruel dépit au prince de Bénévent. Néanmoins, la jalousie de cet homme d'État, excitée par un tel choix, qui déléguait à son rival plus de pouvoir qu'il n'en avait jamais exercé au moins ouvertement, n'empêcha pas le rapprochement mentionné plus haut. Si Fouché eût dès lors conçu

des projets de trahison, il avait sous la main l'occasion la plus favorable pour en commencer l exécution. Les Anglais avaient opéré un débarquement en Hollande, ils étaient maîtres de l'île de
Valcheren : Anvers était sérieusement menacé, et
la Belgique pouvait, d'un moment à l'autre, tomber
au pouvoir de l'Angleterre. Que fit le duc d'Otrante
dans cette situation critique? Il arma les gardes
nationales, prépara les moyens de défense; bien
plus , il exerça un pouvoir discrétionnaire jusqu'à
confier cette défense au maréchal Bernadotte, que
Napoléon venait de disgracier. Cette conduite
éloigne toute idée de trahison; et si Fouché s'entendit en 1809 avec Talleyrand, sur un état de
choses contraire aux intérêts de la dynastie impériale, ce ne put être que dans la prévision d'une
chute que l'on pouvait déjà prévoir, surtout lorsque
l'on se sentait disposé à la précipiter.

Cependant le prince de Bénévent, sorti des affaires,
ne put en décliner entièrement la responsabilité,
lorsque, par une bulle fulminée en juin 1809, le
pape Pie VII, au nom du ciel, vengea ses intérêts
de la terre, en excommuniant l'empereur Napoléon.
Tous ceux qui, à titre de conseillers ou de manda-
taires, avaient attenté aux droits du Saint-Siége, fu-

rent compris dans l'anathème; et M. de Talleyrand
se trouva plus que personne atteint par l'excommunication, en sa qualité de détenteur du duché jadis
apostolique de Bénévent. Mais le sommeil de l'altesse usurpatrice, au point de vue du Saint-Père, ne
fut nullement troublé : il pensa sans doute comme
Sganarelle, que son honneur n'en serait pas moins
gras.

Il n'y a rien comme la faveur ou la disgrâce pour
modifier les opinions. Cette assertion, au temps où
nous vivons, ne paraîtra certainement à personne
un paradoxe. Combien de convictions même, ou du
moins ce que l'on nous donnait pour des convictions, n'a-t-on pas vues se métamorphoser entièrement à la voix d'une ambition satisfaite ou déçue?
La conscience est par malheur un miroir à facettes:
elle offre le reflet de tous les intérêts de celui qui le
porte, ce qui n'empêche pas celui-ci de s'en préva-
loir. Nous avons vu que l'idée fixe de M. de M. de
Talleyrand avait été pour le divorce de l'empereur,
aussi longtemps qu'il était resté dans le conseil; il
n'en fut plus de même lorsque ce divorce fut décidé.
La rupture du mariage de Napoléon ayant nécessité l'intervention du tribunal de l'Officialité de Paris, le vice-grand-électeur fut appelé aux confé-

rences ouvertes pour arriver à la rupture du lien sacré qui unissait l'empereur à Joséphine. Dans ces conférences, et à la grande surprise des assistants, M. de Talleyrand se fit l'avocat de l'impératrice, et insista chaudement pour que ses prérogatives comme majesté impériale fussent maintenues. La conduite du prince de Bénévent ne fut point alors un mouvement de servilité réparatrice du tort qu'il pouvait avoir fait à cette princesse dans l'esprit de Napoléon : le grand diplomate ne savait pas s'abandonner à ces retours de générosité; mais il voyait se déclarer en faveur de l'impératrice ce *quelqu'un qui a plus d'esprit que tout le monde*, ce public que l'on n'abuse point sur le juste et l'injuste; et, disgracié du monarque porte-couronne, M. de Talleyrand sentait la nécessité de se rattacher à cet autre souverain qui a nom le peuple, en paraissant partager ses affections.

Joséphine exerçait sur les masses une sorte de prestige; elle avait été la compagne des plus glorieuses années de Napoléon, et l'on se plaisait à voir en elle sa bonne fée. Le villageois sous son chaume la bénissait, comme la Providence des destinées du grand empereur. Sa disgrâce fut pleurée, et celle qui la remplaça sur le trône n'ob-

tint jamais l'affection des Français, même lorsqu'elle eut donné à la France ce prince qui devait
mourir loin de sa patrie, prisonnier de son aïeul,
avec l'assentiment de sa propre mère.

En 1811, M. de Talleyrand passa pour éprouver
de la gêne dans ses affaires : l'un des motifs de cette
gêne pouvait être la faillite de la maison Simon de
Bruxelles, dans laquelle il avait d'assez grands
capitaux. D'un autre côté, les embarras du commerce
français l'avaient atteint dans certaines spéculations.
Mais ce n'étaient pas là les plus graves motifs de
cet engorgement financier, et nous ne croyons pas
calomnier l'ex-ministre en disant que le retrait du
portefeuille des affaires étrangères avait tué sa
poule aux œufs d'or. Cette bienheureuse poule
avait surtout pondu des œufs magnifiques à
Hambourg, lesquels avaient été partagés assez longtemps entre M. de Bourrienne, le maréchal Brune
et M. de Talleyrand. Mais nous le répétons, la
poule était morte.... Dans cette crise, le prince de
Bénévent se vit contraint d'emprunter trois cent
mille francs à un banquier ; et ce fut alors qu'il fit
intercéder auprès de l'empereur pour qu'il lui
achetât, tout meublé, son hôtel de la rue de Varennes ; Napoléon, malgré ses ressentiments plus

ou moins fondés, ne voulut pas exposer aux poursuites un grand officier de sa couronne; il lui fit compter deux millions cent mille francs, somme à laquelle l'hôtel avait été estimé. Apparemment le vendeur pensa qu'on pouvait, jusqu'à un certain point, éluder les conditions d'un marché conclu avec une tête couronnée; car le bruit courut alors que M. de Talleyrand avait fait enlever en grande partie le mobilier payé par Napoléon, pour en garnir l'habitation qu'il venait d'acheter, rue Saint-Florentin. Si le fait est exact, ce fut sur des fauteuils appartenant à l'empereur que siégea en 1814, le conseil qui le détrôna.

Nous l'avons dit, quoique disgracié sous plus d'un rapport, M. de Talleyrand ne cessa jamais d'être en évidence à la cour impériale, et plus d'une fois on crut qu'il allait rentrer au conseil. On le crut particulièrement lorsqu'en 1811, le roi de Saxe étant venu en France, M. de Talleyrand fut chargé de le complimenter. Peu de temps après, et lorsque l'empereur se disposait à commencer cette funeste guerre de 1812, qui devait être ce que le prince de Bénévent nommait le commencement de la fin, l'habile diplomate fut désigné pour l'ambassade de Varsovie. Il accepta avec empressement, parce qu'il espérait voir se réaliser un de ses projets favoris, le rétablissement intégral de la Pologne.... Et qui sait si quelque velléité de couronne formée ne surgit pas en ce moment dans les espérances du vice-grand-électeur. C'eût été, il faut en convenir, une bonne vedette de la politique française dans le Nord, si elle eût été fidèle. Mais de son côté, le maréchal prince d'Eckmulh pensait que la sentinelle couronnée de Varsovie devait être un militaire...En attendant que la question pût être éclaircie, l'empereur donna l'ambassade de Pologne à un archevêque : M. de Pradt, sa crosse en main, fut dans le Nord la vedette de la France.

On assure que le duc de Bassano contribua puissamment à faire enlever l'ambassade de Varsovie à M. de Talleyrand : l'ex-secrétaire d'État était alors ministre des affaires étrangères, et devait suivre l'empereur à l'armée. Or, il se serait trouvé continuellement rapproché de ce perpétuel railleur dont le contact le gênait. M. de Bassano fit observer à l'empereur que M. de Talleyrand l'accompagnant, il était inutile que lui-même fût du voyage. Napoléon aimait M. de Bassano ; il lui sacrifia sans peine un homme qu'il n'aimait pas. Celui-ci se vengea, selon sa coutume, par un bon mot.

Lorsqu'à la fin de 1812, le fatal 29e bulletin parvint aux Tuileries, l'impératrice Marie-Louise appela tous les dignitaires de l'empire, pour leur communiquer ces funestes nouvelles; le vice-grand-électeur se rendit au château. La désolation y était grande, et les désastres étaient interprétés, comme toujours avec exagération. Tout avait été radicalement englouti dans les neiges : hommes, chevaux, bagages, canons... On se lamentait sur un malheur aussi grand, lorsqu'on vint annoncer à l'impératrice l'arrivée du duc de Bassano. « Eh! bien! « s'écria M. de Talleyrand, voyez un peu comme « on exagère; voilà Maret qui revient, et l'on « avait dit que tout le matériel était perdu. »

Selon certains mémorialistes, M. de Talleyrand était entré précédemment dans la conspiration de Mallet; cette assertion est restée sans preuve, et même n'a jamais eu la moindre probabilité. Le célèbre politique était trop bon appréciateur des conditions d'une entreprise pour s'être hasardé dans une saturnale qui n'offrait aucune chance de réussite. Il paraît certain, néanmoins, qu'en cas de succès, M. de Talleyrand, avec MM. Mathieu de Montmorency, Alexis de Noailles, Frochot et le général Moreau, devaient composer le gouvernement provisoire.

On ne peut douter qu'à peu près à cette époque M. de Talleyrand n'ait renoué sa correspondance avec l'archevêque de Reims, son oncle, qui se trouvait avec Louis XVIII; mais on sait aujourd'hui que l'initiative de cette correspondance fut prise par le vieux prélat, qui obéit en cela au prétendant. Le duc de Rovigo, alors ministre de la police, et qui était chargé de surveiller le prince de Bénévent, déclare dans ses Mémoires que l'habile diplomate n'avait à cette époque aucun projet de conspiration arrêté, et qu'il ne paraissait nullement disposé à servir les Bourbons.

Nous admettons d'autant plus volontiers cette donnée, qu'en 1814 même, ainsi que nous le rapporterons plus tard, d'après des témoignages authentiques, M. de Talleyrand flottait encore entre trois candidatures souveraines. Nous ne prétendons point soutenir, toutefois, qu'après une ouverture de son oncle, il n'ait pas laissé concevoir à Louis XVIII l'espoir d'être servi par lui; sa verve de 1792 pouvait revivre, et certes, il était plus que jamais capable de conduire trois intrigues ensemble. Du reste, nous le verrons bientôt à l'épreuve.

Au mois de janvier 1813, on intercepta des dépêches qui révélaient une trame ourdie par le parti royaliste; M. de Talleyrand y était nommé, mais sans que rien prouvât qu'il eût connaissance du complot; seulement ces lettres laissaient présumer qu'à l'occasion on pourrait compter sur lui. L'imagination travailleuse de l'empereur ne s'arrêta pas aux soupçons que cette correspondance pouvait jusqu'à un certain point autoriser; il crut la trahison du prince de Bénévent flagrante, et se disposa à sévir contre lui d'une manière terrible.

Cependant le vice-grand-électeur parut aux Tuileries, le lendemain du jour où les lettres y avaient été apportées. L'empereur, l'ayant aperçu, s'avança d'abord vers lui avec l'impétuosité que la colère imprime aux mouvements. Puis, à l'aspect de la figure impassible et sereine de celui qu'il croyait terrifier d'un regard, Napoléon s'arrêta stupéfait. Enfin, revenant à la pensée fougueuse que tant d'assurance avait un moment paralysée, l'empereur s'écria : « Comment osez-vous paraître devant moi quand vous venez de signer quelque traité, quelque acte secret dont ma personne doit être le prix. Je vous connais, je sais de quoi vous êtes capable; vous êtes un misérable qui avez trahi tous les gouvernements, et qui trahirez encore ceux à qui vous faites mine de vous attacher maintenant. Mais je ne vous laisserai pas le loisir de les servir à mes dépens; je vous ferai punir comme vous le méritez. »

Ces paroles, appuyées de ce geste animé qui prêtait tant d'énergie aux discours de l'empereur, dut causer une grande frayeur à M. de Talleyrand; mais sa physionomie n'en offrit point l'expression. Son assurance ne parut pas se démentir, et jouant la surprise avec une merveilleuse habileté, il protesta de son innocence, de son dévouement, et supplia l'empereur de le mettre à même de confondre ses accusateurs. « Vos accusateurs, reprit Napoléon avec véhémence, ce sont vos lettres. Vous avez eu l'art, j'en conviens, de n'y insérer vos secrets qu'à demi; vous vous êtes enveloppé d'un voile épais; mais j'ai su le déchirer. Je vous avertis que vous ne me tromperez plus dorénavant. » A ces mots, Napoléon tourna le dos à M. de Talleyrand, qui se retira très effrayé, sans doute, mais sans laisser apercevoir la moindre trace de frayeur.

L'empereur ne voulait pas s'en tenir à l'explosion de colère que nous venons de rapporter; il allait donner l'ordre d'arrêter le prince de Bénévent, lorsque l'archi-chancelier Cambacérès et le duc de Rovigo, ministre de la police, parvinrent à calmer sa majesté. Ils lui représentèrent que si des preuves irrécusables n'appuyaient pas les griefs imputés à M. de Talleyrand, l'arrestation d'un tel personnage, dans les circonstances présentes, produirait un éclat qu'il était sage d'éviter. L'empereur, s'étant rendu à ces représentations, promit de ne pas enfermer, pour cette fois, le vice-grand-électeur au donjon de Vincennes; mais le soir même il reçut l'ordre de se retirer dans ses terres.

Il n'entrait point alors dans les vues de M. de Talleyrand de quitter Paris; et peut-être le refus de s'en éloigner était-il un témoignage de sa complicité dans les complots qui se tramaient. Quoi qu'il en soit, ce refus ne se produisit pas ouvertement; le célèbre diplomate feignit une maladie et se mit au lit. Dans cette situation, il pria le maréchal Berthier de venir le voir; ce général déféra à cette invitation. Enveloppé dans ses rideaux, la voix endolorie, le prétendu malade endoctrina à tel point l'un des hommes les plus candides de la période impériale, qu'il crut à l'innocence de M. de Talleyrand, comme il croyait à la fidélité de madame Vis..... et l'une méritait autant de confiance que l'autre. Attendri sur le sort de Charles-Maurice, furieux contre ses accusateurs, le prince de Neufchâtel courut aux

Tuileries affirmer à l'empereur qu'on avait calomnié le vice-grand-électeur, que personne au monde n'était plus dévoué que lui à sa majesté. La colère de Napoléon éclatait ainsi que la foudre, se calmait aussi vite qu'elle, et la sérénité renaissait soudain dans l'humeur de ce prince, comme dans le ciel après l'orage. Déterminé par les instances de son ami, plutôt que convaincu, l'empereur révoqua l'ordre d'exil donné au prince de Bénévent.

Mais la bonne intelligence ne pouvait jamais être rétablie entre Napoléon et M. de Talleyrand; l'un avait trop humilié, l'autre devait être trop disposé à la vengeance. Après la campagne si glorieuse et pourtant si funeste de 1813, l'empereur revint de l'armée plus irrité que jamais contre le vice-grand-électeur; de nouveaux rapports avaient été faits contre lui; il ne l'ignorait pas, et cependant il parut comme à l'ordinaire au lever de Napoléon : « Que « venez vous faire ici? s'écria le souverain : me « montrer votre ingratitude... Je vous ai couvert de « cordons pour qu'on ne vît pas que vous étiez « l'homme le plus méprisé de mon empire... Vous « affectez d'être d'un parti d'opposition... Vous « croyez que si je venais à manquer, vous seriez « chef d'un conseil de régence... Si j'étais malade

« dangereusement, je vous le déclare, vous seriez
« mort avant moi. Sire, répondit le prince, avec
une grâce et une quiétude parfaites, « je n'aurais
« pas besoin d'un pareil avertissement pour adres-
« ser au ciel des vœux bien ardents pour la conser-
« vation des jours de Votre Majesté. »

Une chose difficile à croire et qui pourtant est
authentique, c'est qu'après les scènes orageuses
que nous venons de signaler, l'empereur songea à
rendre au prince de Bénévent le portefeuille des
affaires étrangères. C'était revenir tard à ce parti.
Nous n'hésitons pas à le dire avec une profonde
conviction, M. de Talleyrand, au congrès de
Prague, eût prévenu la défection de l'empereur
d'Autriche. M. de Narbonne, courtisan aimable,
causeur spirituel, n'était pas de taille diplomatique
à lutter contre le ministre Metternich, et le duc
de Vicence subit, durant ce congrès, une influence
aussi illustre que tendre, et bien nuisible aux
intérêts de la France. L'épisode secret qui se passa
alors à Prague est vierge encore pour l'histoire....
il faut se taire. L'empereur avait compris que de
Talleyrand seul pourrait négocier avec avantage
en 1813; aussi se laissa-t-il décider aisément à
lui rendre le portefeuille des affaires étrangères.

Mais une de ces petitesses qui surgissent par intervalles des plus grands caractères empêcha l'exécution de cette mesure, qui pouvait sauver l'empire. Napoléon voulait qu'en rentrant au conseil le prince de Bénévent se démît de sa charge de vice-grand-électeur. Cette exigence ne s'expliquait par aucun motif plausible; le refus que fit M. de Talleyrand d'y déférer était au contraire très logique. « En portant ainsi atteinte à ma considération personnelle, par une sorte de dégradation, disait Charles-Maurice, Votre Majesté paralyserait les moyens que je pourrais encore avoir de la servir utilement, lorsque surtout les circonstances sont plus que jamais hérissées de difficultés. Ce serait donner prise à la haine de mes ennemis; et si Votre Majesté me rend sa confiance, je la sollicite pleine, entière et telle que je crois en être digne. » Napoléon tint à sa condition; M. de Talleyrand ne rentra pas aux affaires, et les négociations de Prague ne servirent qu'à envenimer les passions politiques en les rapprochant; la guerre continua.

Dans la sphère politique, comme dans les relations sociales, on se fait ordinairement des ennemis de ceux qu'on n'a pas voulus pour amis; toutefois, vers la fin de décembre 1813, et tandis que nos troupes repassaient le Rhin, M. de Talleyrand ne s'arrêtait pas encore au parti de renverser Napoléon; mais il se disposait à profiter des événements, quels qu'ils fussent, pour y marquer sa place. Les choses en étaient à ce point, lorsque l'ex-ministre reçut une note venant d'Hartwel et signée de M. de Blacas. « Le roi, y était-il dit, ne vou-« lant négliger aucune occasion de faire connaître « à *ses sujets* les sentiments dont il est animé, « charge le soussigné de donner en son nom à « M. de Talleyrand toutes les assurances qu'il peut « désirer. Sa Majesté sait tout ce qu'il peut faire « pour son pays, non-seulement en contribuant à « le délivrer du joug qui l'opprime, mais en se-« condant un jour de ses lumières l'autorité des-« tinée à réparer tant de maux. » M. de Talleyrand mit la note dans sa poche, en disant : Nous verrons.

Cependant le prince de Bénévent devenait de plus en plus suspect. Lorsque l'empereur quitta Paris pour commencer cette prestigieuse campagne de France qui devait être classée parmi ses plus beaux faits d'armes, le duc de Rovigo sollicita vivement l'ordre d'arrêter M. de Talleyrand : Napoléon refusa obstinément. Presque certain que cet homme le trahissait, il ne pouvait oublier les services qu'il lui avait rendus. Bien plus, l'empereur ne put se décider à fermer au vice-grand-électeur le conseil de régence, où sa charge l'appelait ; et lorsque le congrès de Châtillon fut ouvert, M. de Talleyrand fit partie d'une commission chargée d'examiner des documents se rapportant aux négociations entamées avec les puissances coalisées.

Enfin, le 29 mars 1814 arriva, sans que M. de Talleyrand eût encore assigné une direction précise à ses vues, qui n'étaient plus assurément celles de la fidélité au gouvernement impérial. Tandis que le canon tonnait sur les hauteurs de Romain-ville, et que la plaine de Saint-Denis se noircissait de légions, le conseil de régence s'assemblait pour la dernière fois. Consulté sur la question de savoir si l'impératrice et le roi de Rome quitteraient la capitale, ou s'ils se réfugieraient au milieu du corps municipal, M. de Talleyrand n'ignorait pas que si Marie-Louise prenait ce dernier parti, sa présence opposerait une grande difficulté au rappel des Bourbons, ou au succès de toute autre candidature souveraine. D'un autre côté, la cour étant transportée à Blois, ainsi que l'empereur l'avait ordonné en cas d'attaque de Paris, le vice-grand-électeur devait la suivre. Or, que répondre à l'interpellation qui lui était faite ? Il ne répondit rien ou des riens insignifiants, et ce fut l'archichancelier Cambacérès qui fit prononcer la majorité du conseil pour le départ immédiat.

Cette détermination étant prise, l'adresse habituelle du grand diplomate se trouva mise à la plus embarrassante épreuve : il fallait trouver le moyen de rester, précisément parce que la Cour partait. Cette situation n'était pas une de celles où les grandes combinaisons visent aux grands résultats ; il s'agissait tout simplement d'imaginer une de ces fraudes infinies, qui faisaient dire au comte russe Rostopschin, que « les deux plus grands farceurs « connus étaient Potier et le prince de Talley- « rand. » Cependant nous sommes contraints d'avouer que la *farce* jouée le 29 mars par le héros de cette histoire tient une place peu élevée dans son répertoire comique.

Au moment de se mettre en route, l'impératrice, qui sans doute s'attendait à quelque rouerie du vice-grand-électeur, lui envoya demander par la duchesse de Montebello à quelle heure il comptait partir pour la rejoindre à Blois. « Mon Dieu, je

« n en sais rien encore, répondit-il; bien certaine-
« ment j'irai rejoindre Sa Majesté, c'est mon de-
« voir; mais les routes aujourd'hui seront bien
« encombrées; il faut s'échelonner à cause des
« chevaux. » Puis, reconduisant la dame d'honneur, il lui dit au moment de la quitter, et d'un
ton où l'ironie déguisait mal un invincible remords :
« Allez, ma bonne duchesse, allez, vous pouvez
« être sûre d'une chose, c'est que l'empereur et
« l'impératrice sont victimes d'une bien odieuse
« machination... » Si l'entrevue de madame de
Montebello et du prince de Bénévent fut rapportée
à Marie-Louise en présence de l'archichancelier,
qui ne la quitta pas dans cette fatale journée, ce
grand dignitaire manqua essentiellement à son devoir en ne faisant pas arrêter sur l'heure un traître
qui se révélait lui-même. Nous le proclamons
sans crainte d'être logiquement contredit, Cambacérès avait à la main, le 29 mars 1814, le salut de
l'empire.

Que se passe-t-il après le départ de l'impératrice, et comment M. de Talleyrand parvient-il à
rester sur le théâtre des événements pour mettre le
trône de France aux enchères des intérêts de la
coalition... Bourrienne s'est chargé de révéler au

monde l'escobarderie que le grand politique mit en
œuvre dans cette circonstance. « En ce moment,
dit le mémorialiste, j'allais chez M. de Talleyrand
tous les jours (aveu plus candide qu'honorable) ;
quand je m'y présentai, le 30 mars, on me dit qu'il
était parti. Cependant je montai, et je restai quelque temps dans son hôtel, avec plusieurs de ses
amis qui s'y trouvaient réunis... Bientôt nous le
vîmes revenir. » Or, voilà par quelle farce digne
de Potier M. de Talleyrand s'était tiré d'affaire à
la barrière de l'Étoile. « Vos passeports, lui avaient
crié les agents de la police. — C'est le prince de
Talleyrand, répondirent les domestiques. — Il peut
passer, répliqua-t-on en se découvrant. — Non,
non, dit le vice-grand-électeur, qui sortit de la por-
tière sa tête poudrée, je n'ai point de passeport;
plus on est élevé en dignité, plus on doit montrer
de respect à la loi. » Ici un simple capitaine eût
arrêté le traître audacieusement démasqué ; mais il
n'y avait là que des automates ; le grand dignitaire
félon revint tranquillement à son hôtel.

Pendant la durée du congrès de Châtillon, M. de
Talleyrand y avait eu ses intelligences et même
ses représentans ; sa correspondance avec M. de
Metternich, celui de ses élèves qui, disait-il, lui

faisait le plus d'honneur, continua jusqu'à l'entrée des alliés à Paris. Dans le même temps, le baron de Vitrolles, l'un des agens accrédités du vice-grand-électeur, s'efforçait de préparer les souverains au rétablissement des Bourbons *pour le cas éventuel* où la dynastie napoléonienne serait renversée, et ces agents ne perdirent aucune occasion de réaliser cette éventualité.

Rentré à son hôtel, M. de Talleyrand, qui venait d'apprendre l'entrée du duc d'Angoulême à Bordeaux avec l'armée anglaise, écrivit au comte d'Artois, qui se trouvait alors à Vesoul, qu'il devait suivre le mouvement des armées étrangères, afin d'arriver à Paris peu de jours après elles. Cette dépêche étant expédiée, M. de Talleyrand ne songea plus qu'à recevoir l'empereur Alexandre qu'il avait décidé à devenir son hôte. Rien ne pouvait mieux convenir à ses projets : ayant ainsi sous son toit le prince que l'on regardait comme le chef de la coalition, son influence serait de tous les instants ; et d'un autre côté il se trouverait bien placé pour observer et déjouer les vues qui ne seraient point en harmonie avec les siennes.

Le 31 mars, le tzar prit donc possession du premier étage de l'hôtel de l'Infantado, et Sa Majesté russe avait à peine secoué la poussière du voyage, qu'elle se vit appelée à présider un conseil. M. de Talleyrand y fut appelé, ainsi qu'il s'y attendait ; on y admit aussi le duc de Dalberg, l'abbé de Montesquiou, l'abbé de Pradt, l'abbé Louis et M. Beugnot, principaux meneurs du parti royaliste, auxquels vinrent se joindre les généraux Beurnonville, Dessolles et Dupont, tous ennemis de Napoléon, et qui venaient épier le lever d'un soleil nouveau. Avant l'arrivée de l'empereur dans la salle du conseil, les personnages qui s'y trouvaient avec ceux que nous venons de nommer étaient le roi de Prusse, le prince de Schwartzemberg, le comte de Nesselrode, M. Pozzo di Borgo et le prince de Lichtenstein.

Dès que le tzar Alexandre parut au milieu de cette réunion, l'abbé de Montesquiou et le général Dessoles lui demandèrent les Bourbons. D'après les négociations secrètes que M. de Vitrolles avait entretenues précédemment à Châtillon, au nom de M. de Talleyrand, on devait croire que ce dernier se prononcerait immédiatement pour l'ancienne dynastie : mais c'eût été montrer à nu la trahison ; l'habile diplomate pensa avec raison que ce serait mal se recommander auprès des alliés. Il parla donc en faveur de Napoléon, à la grande surprise de presque tous les assistans, et proposa de le conserver au pouvoir, en apportant des restrictions à sa puissance. Mais on pense bien que l'homme de France que l'empereur avait le plus humilié dans les derniers temps, se laissa facilement persuader par les partisans des Bourbons. Alexandre, ne paraissant pas croire à la possibilité de rappeler cette famille, demanda par quel moyen on pourrait réaliser ce projet. « Dans le cas où l'on s'arrêterait à ce parti, répondit négligemment M. de Talleyrand, les autorités constituées agiraient avec autant de régularité que les circonstances le permettraient, et je crois pouvoir répondre de l'assentiment du sénat. Mais, ajouta-t-il, en s'adressant à l'empereur Alexandre, voici M. le général Dessoles et M. le baron Louis, qui sont uniquement occupés du bonheur de la France, et fort au courant des événements et des opinions; je prie Votre Majesté de les interroger. »

Alexandre marchait à grands pas dans le salon; il était visiblement agité, et se passait souvent la main sur le front. Enfin, il s'arrêta, et élevant la voix : « Vous savez, Messieurs, dit-il, que ce n'est pas moi qui ai commencé la guerre, et que

Napoléon est venu me chercher chez moi. Nous ne venons point ici animés par le désir de la vengeance. Vous avez vu ce que j'ai fait pour préserver votre capitale, la merveille des arts, des horreurs du pillage, auxquelles auraient pu la livrer les chances de la guerre; ni mes alliés ni moi nous ne faisons une guerre de représailles, et je serais inconsolable s'il eût été porté atteinte à votre magnifique cité. Nous ne faisons point la guerre à la France, je vous le répète, Messieurs; nous n'avons que deux ennemis à combattre, Napoléon et tout ennemi de la liberté des Français. Guillaume, et vous, prince de Schwartzemberg, les sentiments que je viens d'exprimer ne sont-ils pas les vôtres?» Le roi de Prusse et le généralissime autrichien, interpellés, répondirent affirmativement... Puis le tzar ajouta : « que la France était parfaitement libre de choisir son gouvernement, et que lui et ses alliés, sans chercher à exercer aucune influence, appuieraient le vœu qui serait généralement exprimé. »

L'abbé de Pradt, prenant alors la parole, affirma avec une accentuation onctueuse, « que tous les Français étaient royalistes; que tout Paris appelait à grands cris les Bourbons.» Et pour preuve de ce qu'il avançait, il assura que le matin même, une foule innombrable avait parcouru les boulevards, parée des insignes de l'ancienne royauté. Ce qu'il y avait de vrai dans cette assertion, le voici : deux ou trois groupes de gentillâtres et de femmes plus ou moins titrées s'étaient en effet montrés sur le boulevard. Or, ces dames, vers le poste Saint-Denis, avaient été accueillies par des huées, et sans un petit détachement de garde nationale qui survint, elles allaient être fouettées par la multitude. Madame du Cayla faisait, dit-on, partie de cet essain de nymphes légitimistes si malheureusement risquées. Après M. de Pradt, le duc de Dalberg parla dans un sens un peu différent. « Il convenait, disait-il, de rappeler la famille des Bourbons ; mais il lui paraissait difficile de concilier avec les préjugés de la branche aînée, et avec ses habitudes de légitimité absolue, un système libéral, des institutions conformes aux progrès du siècle... » Le nom de M. le duc d'Orléans fut prononcé. L'empereur Alexandre, en énumérant les divers gouvernements qui pouvaient convenir à la France, nomma de son côté Bernadotte. Mais M. de Talleyrand, ayant repris la parole avec vivacité, s'écria : « Sire, il n'y a que deux choses possibles, Bonaparte ou Louis XVIII, Bonaparte si vous pouvez, car vous n'êtes pas seul.... Qui voudrait-on donner à sa place? Un soldat, nous n'en voulons plus.... si nous en voulions un, nous garderions celui que nous avons : c'est le premier soldat du monde. Après lui ceux qu'on voudrait nous offrir n'aurait pas dix hommes pour eux. Je le répète, sire, tout ce qui n'est pas Louis XVIII ou Bonaparte est une intrigue. »

En définitive, l'empereur Alexandre, excellent comédien de générosité, mais peu disposé maintenant en faveur de Napoléon, voyait avec un secret plaisir naître l'occasion de le détrôner. Ce n'était plus à ses yeux un grand homme dont *l'amitié fut un bienfait des dieux.* Il avait oublié les beaux jours d'Erfurt, où le tzar sollicitait du grand maître de la garde-robe de l'empereur des Français un de ces vêtements que les dames ne nomment pas, afin de conserver précieusement cette singulière relique. Le conquérant qui avait obligé les Russes à brûler, dans leur héroïsme sauvage, l'antique capitale des tzars, n'était, plus au jugement d'Alexandre, qu'un contre-pied gênant et dangereux du dominateur de l'Orient. Or, l'alternative paraissant s'arrêter entre le comte de Provence et le souverain encore régnant,

Alexandre déclara qu'il ne traiterait plus avec Napoléon, et sur de nouvelles instances, il ajouta : « Ni avec aucun membre de sa famille. »

Nous ne devons pas laisser échapper à nos lecteurs une remarque digne d'attention, et qui prouve la subtilité avec laquelle, jusque dans les moindres choses, M. de Talleyrand savait être politique délié. En parlant du prétendant, il l'avait appelé très prématurément *Louis XVIII;* tandis que Napoléon, encore possesseur de la couronne, avait repris dans son discours le nom de Bonaparte.

Malgré l'empressement avec lequel Alexandre s'était prononcé pour l'exclusion de Napoléon, il disait, quelques jours plus tard : « En vérité, quand « je suis entré dans Paris, je n'avais aucune idée « fixe; je m'en suis rapporté à M. de Talleyrand : « il tenait les Bourbons dans une main, Napo- « léon dans l'autre; il a ouvert la main qu'il a « voulu. »

On a vu qu'avant même qu'il *eût ouvert la main,* M. de Talleyrand avait promis l'assentiment du Sénat; il fallait donc qu'il s'exécutât. Ce fut chose facile que de décider la plupart des sénateurs, gens façonnés à la plus inerte soumission; mais il se trouva dans le nombre quelques hommes dévoués à

l'empereur, et d'autres plus vertueusement dévoués
à la patrie. Le grand négociateur comprit qu'il fallait saupoudrer d'un peu de patriotisme la pilule
qu'il présentait aux pères conscrits de l'empire. Il
proposa donc au Sénat de choisir dans son sein
une commission de gouvernement provisoire; et,
comme pour faciliter le travail d'élection, il présenta une liste toute faite. On demandera peut-être
comment et de quel droit le prince de Bénévent, qui
devait être à Blois, avait convoqué le premier corps
de l'État avec autant d'aplomb que l'empereur lui-
même eût pu en apporter dans cette convocation?
Nous répondrons que le célèbre diplomate avait agi
de la sorte de son propre mouvement; et, le 1er
avril, ce fut tout aussi arbitrairement qu'il fit entendre ces paroles dans le Sénat : « Sénateurs, les
« circonstances, quelques graves qu'elles soient, ne
« peuvent être au-dessus du patriotisme ferme et
« éclairé de tous les membres de cette assemblée;
« et vous avez sûrement senti tous également la né-
« cessité d'une délibération qui ferme la porte à
« tout retard, et qui ne laisse pas écouler la jour-
« née sans rétablir l'action de l'administration, ce
« premier de tous les besoins, par la formation
« d'un gouvernement dont l'autorité, établie par la

« nécessité du moment, ne peut être que rassu-
« rante. »

Cette harangue terminée, l'orateur Talleyrand,
s'élevant soudain jusqu'au sommet de l'échelle gouvernementale, se donna des attributions impériales
en rédigeant un projet de sénatus-consulte pour la
nomination du gouvernement provisoire. Ce projet ayant été adopté séance tenante, le gouvernement provisoire fut composé de MM. de Talleyrand,
de Beurnonville, le comte de Jaucourt, le duc de
Dalberg, et l'abbé de Montesquiou. Cette nomination fut notifiée au peuple français par une adresse.
M. de Talleyrand parla ensuite de la rédaction d'un
projet de constitution, et déclara que non-seulement les membres du gouvernement provisoire devaient s'en occuper, mais que tous les sénateurs
étaient appelés à y concourir. On sait ce que devint
cet acte de la puissance sénatoriale, et comment la
la constitution se changea en une *charte octroyée*,
qui, dans un discours de M. Dambray, fut appelée
plus tard une *ordonnance de réformation*.

On voit, par ce qui précède, que M. de Talleyrand avait fait beaucoup de besogne en peu de
temps ; mais cette besogne n'était que le préambule
de l'œuvre méditée par l'habile politique. On avait

purement et simplement pourvu aux besoins de l'administration ; il fallait maintenant aborder la question difficile d'un changement de gouvernement, et celle plus difficile encore du rappel des Bourbons. Il fallait, avant de créer un nouveau souverain (car la grâce de Dieu ne se manifeste que lorsque les hommes ont prononcé), il fallait déposer l'empereur. Ce fut le sénateur Lambrechts qui, poussé à la tribune par M. de Talleyrand, en fit la proposition ; et, dans la séance du 2 avril, le Sénat déclara Napoléon Bonaparte et sa famille déchus du trône, et délia le peuple français et l'armée du serment de fidélité.

Le Corps législatif avait été dissous au mois de décembre par Napoléon ; mais M. de Talleyrand persuada à quelques-uns de ses membres, qui se trouvaient à Paris, que cette dissolution était illégale, et qu'ils pouvaient, quoiqu'en petit nombre, et vu la gravité des circonstances, représenter ce corps. Ils le crurent, et le roué politique obtint d'eux une déclaration de déchéance conforme à celle du Sénat.

Le gouvernement provisoire procéda ensuite au choix des ministres. M. de Talleyrand se réserva le portefeuille des affaires étrangères, qu'il fît tenir,

en attendant l'expiration de ses fonctions provisoi-
res, par le comte Laforest.

Dans cette curée de dignités et d'emplois, l'abbé
de Pradt, ex-archevêque de Malines, fut nommé grand-
chancelier de la Légion d'Honneur. Louis XVIII
s'accusant un jour de ce singulier choix devant
M. de Talleyrand, celui-ci lui répondit : « Mais,
sire, il voulait quelque chose. — Eh bien! il fallait
lui offrir le bâton de maréchal de France. — Dieu
nous en eût gardé! sire, il l'aurait accepté. »

Le héros de cette histoire avait vu se réaliser le
rêve de toute sa vie politique : il gouvernait souve-
rainement la France, sous le nom modeste du gouvernement provisoire. Mais cette réalisation n'était
elle-même qu'un songe de puissance, et le réveil
approchait. Il fallait enfin que la couronne, enle-
vée du front glorieux de Napoléon, reposât sur une
autre tête : ce fut dans un grand dîner, offert par
l'empereur Alexandre aux sénateurs et aux membres du gouvernement provisoire, que ce diadème,
naguère placé si haut, descendit sur un front que
jamais aucun laurier n'avait ombragé.

Au dessert, et quand le vin de Champagne eut
ravivé un peu les vieilles imaginations sénato-
riales, le tzar, répétant à peu près ce qu'il avait dit

dans le premier conseil, « assura qu'il n'était ni l'ennemi du Sénat ni celui des Français; et la preuve que j'en veux donner, ajouta-t-il, c'est que j'accueille les vœux que m'ont exprimés les hommes les plus honorables et les plus distingués du pays. » Alors l'empereur, renforçant sa voix en élevant son verre, dit : Je propose un toast *au roi de France Louis XVIII !* Et les sénateurs de crier : Vive Louis XVIII ! C'était un peu moins irrégulier que l'inauguration du premier roi de Prusse, qui s'était couronné et proclamé lui-même.

Quelques jours après le repas où la souveraineté de Louis XVIII s'était trouvée au fond d'un verre de vin de Champagne, Fouché étant allé rendre visite à l'empereur Alexandre, ce souverain lui dit : « Que pensez-vous, monsieur le duc, de tout ce que « nous avons fait jusqu'ici? — Votre Majesté, re-« prit le duc d'Otrante, s'est fait éclairer, sans « doute, avant de prendre une détermination. — « Mais, reprit vivement Alexandre, ce n'est pas « moi qui ai fait tous ces arrangements ; s'ils ne « réussissent pas, on devra s'en prendre à M. de « Talleyrand, au Sénat et à la ville de Paris. J'ai « voulu laisser les Français libres d'exprimer « leurs vœux. »

Nous signalerons rapidement la démarche in-
fructueuse que firent auprès des souverains alliés,
dans la nuit du 4 avril, les maréchaux Ney, Macdonald et Marmont. Cette démarche, tentée dans
l'intérêt de la dynastie napoléonienne, ne se ratta-
che que sur un point à l'histoire de M. de Talleyrand ; voici ce qui se passa chez lui. Avant de se
présenter chez l'empereur Alexandre, les maréchaux
virent le président du gouvernement provisoire ; ils
n'ignoraient pas qu'il s'était fait le metteur en œuvre de tout ce qui s'accomplissait, sous la protection des souverains étrangers ; ils espéraient peut-
être que tout n'était pas fini, et que la couronne impériale pouvait être sauvée, sinon pour Napoléon,
du moins pour son fils. Mais M. de Talleyrand,
sans parvenir à détourner les envoyés de Fontai-
nebleau de leur projet, s'efforça de leur en démon-
trer l'inutilité. Il finit par leur dire : « Messieurs,
« que voulez-vous faire ? Si vous réussissez dans
« vos desseins, vous compromettez tous ceux qui
« sont entrés dans cette chambre, depuis le 1ᵉʳ
« avril, et le nombre en est grand. *Quant à moi, ne*
« *me comptez pas, je veux être compromis.* » Ce
mot est encore une de ces facéties dont la carrière
politique du célèbre diplomate fut remplie : il vou-

lait être compromis, parce qu'il savait bien qu'il ne pouvait plus l'être. Et quant aux autres personnes entrées à l'hôtel de l'Infantado depuis le 1er avril, franchement elles eussent été compromises jusqu'à la corde, qu'il n'y eût eu rien de trop. Renverser un gouvernement, de concert avec les puissances ennemies, fut et sera dans tous les temps une infâme trahison. La nécessité subrepticement invoquée était un être de raison : pour ne plus siéger à Paris, le gouvernement n'en existait pas moins. Déclarer le trône vacant, ainsi que M. de Talleyrand l'avait fait dans une proclamation, parce que le souverain était absent, était une escobarderie sans aucune autorité légale ; et personne ne pouvait, sans crime, déposer l'empereur avant d'avoir obtenu l'assentiment du peuple, qui l'avait reconnu par trois millions de votes.

La nation avait investi directement Napoléon du pouvoir souverain : elle s'était prévalue, dans toute la plénitude de ses droits, des vieilles institutions de la monarchie française, où le principe de l'élection est consacré ; M. de Talleyrand prétendait donc à tort que *Louis XVIII était encore un principe :* ce principe avait été révoqué par celui de la souveraineté du peuple, exercée dans le mandat revêtu de trois millions de signatures donné à Napoléon. Or, Louis XVIII, pour nous servir de l'expression du célèbre diplomate, était *une intrigue*, tout aussi bien que les deux autres candidatures produites à l'hôtel de l'Infantado. Il est incontestable qu'en 1814 la dynastie bourbonnienne fut restaurée par l'autorité violente des événements, en l'absence de toute légalité.

Un fait curieux nous reste à relater pour faire connaître la part qu'eut M. de Talleyrand aux dispositions des premiers jours d'avril 1814 : le duc de Raguse, dont la conduite personnelle à cette époque formerait un épisode étranger au sujet que nous traitons aujourd'hui, avait déterminé, non sans peine, le corps d'armée qu'il commandait à reconnaître le gouvernement provisoire: il revint directement chez M. de Talleyrand, afin de lui apprendre ce résultat. « Il fut fêté, choyé, caressé, » dit un mémorialiste qui nous a servi souvent de guide; « on lui fit servir à dîner sur un guéridon dans le salon, et l'amphytrion, de plus en plus caressant, se repliait de cent manières pour le féliciter sur l'héroïsme de sa conduite. » Enfin, à travers ces lacs de compliments et de félicitations, M. de Talleyrand insinua l'idée de faire prendre à

l'armée la cocarde blanche, cocarde déjà prise par
bon nombre de ces bourgeois qui arborent tout pour
ne pas troubler la sérénité de leur sommeil. « Mes-
« sieurs, » répondit le maréchal en s'adressant à
toutes les personnes présentes, « j'ai bien pu faire
« comprendre à mon corps d'armée qu'il fallait
« servir la France avant tout ; aussi est-il rentré
« sous mon obéissance, et maintenant je vous en
« réponds. Mais ce dont je ne réponds pas, c'est
« de le déterminer à abandonner les couleurs qui
« nous ont menés vingt ans à la victoire. Ainsi, ne
« comptez pas sur moi pour une chose que je crois
« impossible et tout à fait contre les intérêts de la
« France. Au surplus, j'en parlerai à l'empereur
« Alexandre. »

Mais M. de Talleyrand ne se tint pas pour battu :
ayant échoué auprès du maréchal Marmont, il
reporta ses espérances d'un autre côté ; et le mensonge étant une des ressources habituelles de la
diplomatie, il crut pouvoir s'en servir sans scrupule. Sur l'heure il écrivit au maréchal Jourdan, qui
se trouvait à Rouen avec quelques troupes, et lui
manda que Marmont venait de faire prendre la
cocarde blanche aux siennes, et qu'il l'invitait à
imiter son collègue. Jourdan, le défenseur obstiné

de la constitution de l'an III, au 18 brumaire,
Jourdan, à peine rallié à la dynastie impériale, toute
glorieuse qu'elle avait été, se sentit le cœur brisé,
en voyant l'armée reprendre les couleurs de l'ancien régime ; toutefois, il obéit avec une profonde
affliction.

Cependant le maréchal Marmont, auquel, après
tout, on doit tenir compte de la persévérance avec
laquelle il voulut alors faire conserver les couleurs
nationales, le maréchal Marmont avait obtenu de
M. de Talleyrand l'insertion au *Moniteur* de l'article suivant. « La cocarde blanche, dans les quatre
« jours qui viennent de s'écouler, était le signe
« de la manifestation de l'opinion publique pour
« le renversement d'un gouvernement oppresseur :
« c'était le seul moyen de reconnaître les partisans
« du rétablissement de l'ancienne dynastie, à la-
« quelle nous allons enfin devoir le repos. Mainte-
« nant que ce gouvernement n'existe plus, toutes
« couleurs étrangères à nos couleurs nationales
« sont inutiles ; reprenons donc celles qui nous
« ont conduits tant de fois à la victoire. »

L'article fut envoyé au journal officiel, qui, depuis 1800, n'était plus qu'officieux ; mais le messager qui le portait s'égara apparemment sur la

route, et la feuille du jour parut sans l'insertion promise. Marmont courut alors chez M. de Talleyrand et se plaignit amèrement d'avoir été trompé. « Eh ! mon Dieu, mon cher maréchal, lui dit le diplomate d'un air contrit, vous savez bien que ce n'est pas ma faute ; mais maintenant cela n'est plus possible, et j'en suis peut-être plus affligé que vous. Tenez, lisez : le corps du maréchal Jourdan vient de prendre la cocarde blanche ; vous ne voudriez pas donner deux drapeaux à la France. » Les valets des comédies de Regnard imaginèrent-ils jamais une plus ingénieuse rouerie.

Maintenant, faut-il flétrir la vie du prince de Talleyrand de cet horrible complot d'assassinat dont l'exécution aurait été confiée à Maubreuil et Dassies. La seule circonstance authentique de cette affaire ténébreuse, c'est que ces deux agents furent arrêtés le 24 avril près de Montereau, sous la prévention d'avoir détourné à leur profit une forte partie des objets précieux qu'ils étaient chargés d'enlever aux membres de la famille impériale. Mais il fut constaté que ces objets avaient été retrouvés dès le 9 avril. Alors on s'accorda généralement à publier que Maubreuil et Dassies avaient reçu la mission d'assassiner l'empereur et ses frères, et que l'ordre de ce meurtre provenait du prince de Bénévent. Un soupçon de complicité s'étendit sur le général Dupont, ministre de la guerre, sur M. Anglès, directeur de la police, et sur Bourrienne, directeur général des postes. Maubreuil et Dassies restèrent en prison jusqu'au 19 mars 1815; mais ce jour-là Louis XVIII, malgré ses graves préoccupations, songea à ces prisonniers, et sur un ordre secret de ce monarque, ils furent relâchés sans jugement. Cette mesure fit penser que l'ordre fatal pouvait être parti primitivement des Tuileries; nous devons à la vérité ajouter que le soupçon remonta jusqu'au comte d'Artois, dont M. de Talleyrand n'aurait été que le premier agent. Quoi qu'il en soit, du sein des ténèbres où cette lugubre intrigue resta plongée, jaillit tardivement un éclair de scandale : un jour, aux portes de l'église de Saint-Denis, et durant une cérémonie publique, Maubreuil s'approcha du prince de Talleyrand, et un soufflet tomba, lourd et retentissant, sur la joue du premier diplomate de l'Europe. Nous revenons aux événements de 1814.

A l'arrivée du comte d'Artois, M. de Talleyrand s'était chargé de le complimenter, et le *Moniteur* a consigné sa harangue, qui du moins a le mérite

d'être courte; la voici : « Monseigneur, le bonheur
« que nous éprouvons sera à son comble, si votre
« altesse royale reçoit avec la *divine* bonté qui
« caractérise sa maison l'hommage de notre ten-
« dresse *religieuse*. » On voit que l'ex-évêque
d'Autun s'était inspiré ce jour-là des souvenirs du
beau temps de son hypocrisie mystique. On assure
que le prince dut aussi à M. de Talleyrand ce mot
tant prôné en 1814 : *Rien n'est changé en France;
il n'y a qu'un Français de plus ;* mot bien patriotique pour venir de l'émigration.

M. le comte d'Artois ayant pris le titre de lieutenant-général du royaume, malgré la défense
expresse de son frère et contre le vœu du Sénat,
qui voulait que l'investiture vînt de lui, M. de
Talleyrand résigna ses fonctions de chef du gouvernement provisoire; et ce fut un malheur réel,
car le traité du 23 avril, signé par l'altesse royale,
renfermait des clauses honteuses que l'habile diplomate eût sans doute fait atténuer, s'il eût exercé
une autre autorité que celle d'un conseiller. Ainsi
que le dit aigrement Louis XVIII à son arrivée :
« Le lieutenant-général aurait tout accordé, pourvu qu'on lui eût laissé son vide-bouteille de
Bagatelle. »

Avant l'arrivée du roi, M. de Talleyrand avait rédigé une note destinée à ce prince, et qui, pour la forme, fut signée par M. Dayas. Cette note, d'une brièveté aussi concise que lumineuse, mérite d'être rapportée en entier : nous la copions. « M. de « Talleyrand s'occupait d'un travail pour le roi; « je lui ai proposé de rester vingt-quatre heures « pour l'emporter avec moi; mais la crainte de « l'arrivée inattendue du roi l'a déterminé à m'ex- « pédier sur-le-champ avec un sommaire de ce « travail.

« Dans le cas où le débarquement de Sa Majesté « précéderait le travail annoncé, M. de Talleyrand « croyait indispensable qu'elle fît connaître, par « lettres patentes, en mettant le pied sur le sol de « son royaume, qu'elle acceptait la Constitution; « mais que cette constitution lui paraissant sus-- « ceptible de modifications dans plusieurs points, « elle se réservait de les discuter dans le Sénat.

« M. de Talleyrand a déjà préparé les sénateurs à « voir la Constitution subir des changements par « ces mots pleins d'adresse que leur vanité a « saisis : Vous allez trouver dans le roi, Messieurs, « un homme d'un esprit supérieur et d'un talent « distingué. Attendez-vous à le voir discuter les

« articles de la Constitution, et préparez-vous à
« l'honneur d'entrer en lice avec lui. » Cette mo-
« tion a fait le meilleur effet, et déjà on disait pu-
« bliquement que la Constitution éprouverait des
« améliorations. »

Nous ferons remarquer que M. de Talleyrand insinuait ainsi à Louis XVIII le conseil de changer
cet acte fondamental de la monarchie.

« Dans ces mêmes lettres patentes (que l'on
« s'attache à la désignation anté-révolutionnaire),
« le roi, continuait l'auteur de la note, voudra bien
« fixer un jour pour la prestation du serment de
« fidélité. Cet article est considéré comme de la
« plus haute importance pour arrêter la fluctuation
« des idées et lier le soldat, qui, n'ayant point
« encore émis son vœu, se trouve isolé en quelque
« sorte des chefs, qui déjà ont envoyé leur adhé-
« sion.

« M. de Talleyrand regarde comme très essen-
« tiel que le roi n'accorde ni ne promette le moindre
« pouvoir aux maréchaux. Mais sa Majesté les sa-
« tisfera en flattant leur vanité. »

« Tous les peuples de la France sont animés du
« même zèle, du même dévouement, du même
« amour pour la personne du roi et pour les mem-

« bres de son auguste famille; les sentiments vont
« jusqu'à l'exaltation, et telle est l'indignation gé-
« nérale qu'ont causée certains articles de la Cons-
« titution, qu'on a crié plusieurs fois sous les
« fenêtres de *Monsieur* : Vive Louis XVIII, à bas
« le Sénat. »

Autre conseil de changer la constitution.

« Ce zèle caché est une imprudence au commen-
« cement. Si le peuple manifeste un enthousiasme
« vraiment français, l'armée témoigne un mauvais
« esprit. Cependant les troupes de ligne sont bon-
« nes, et dans la garde impériale, le mécontente-
« ment ne se montre que parmi les vieilles bandes.
« La jeune garde est désabusée ou bien près de
« l'être.

C'était l'auteur de la note qui s'abusait.

« M. de Talleyrand pense que M. le comte
« d'Artois, dont les manières sont pleines de
« grâce, doit aller dans les provinces recueillir les
« besoins du peuple et les porter au pied du trône.

« M. le duc de Bourbon parcourait d'autres par-
« ties de la France dans le même but.

« Quant à M. le duc d'Angoulême et à M. le duc
« de Berry, on désirerait qu'il fût formé pour eux
« deux camps en France, et qu'ils y restassent

« quelque temps pour y gagner l'affection du sol-
« dat, et l'accoutumer à placer toutes ses espé-
« rances dans les princes, et n'attendre son bon-
« heur que d'eux seuls. »

Cette épreuve eut lieu et ne produisit qu'un résultat malheureux. M. le duc d'Angoulême donna en spectacle sa déplorable nullité; et M. le duc de Berry, en voulant affecter le ton militaire, se rendit odieux, dans les premiers temps, par sa brutalité.

« On croit nécessaire d'avoir, auprès du person-
« nel de service chez le roi, quelqu'un qui con-
« naisse parfaitement le pays et qui ait beaucoup de
« tact; sous ce rapport, on indique M. de Rému-
« sat, dont la conduite a toujours été digne d'é-
« loges. »

« M. de Talleyrand *met tout son honneur à dé-*
« *vouer sa vie entière au service du roi et ne*
« *demande rien pour lui...* (Et pour preuve)
« Il se croit nécessaire aux relations extérieures et
« en demande le département. Ce ministère est
« très difficile à conduire et veut un homme habi-
« tué à traiter avec tous les cabinets de l'Europe.

« M. de Talleyrand supplie le roi de vouloir
« bien accorder à M. Edmond de Périgord le

« titre de premier aide-de-camp auprès de sa per-
« sonne, et à madame Edmond de Périgord celui
« de dame du palais, dont sa conduite et sa piété
« la rendent digne. M. de Talleyrand recommande
« encore au roi M. Edmond de Périgord dans la
« première nomination que Sa Majesté daignera
« faire de ducs et pairs. »

Cependant le véritable auteur de cette note,
M. de Talleyrand, se rendit à Compiègne dès que
le roi y fut arrivé. L'empereur Alexandre y était
venu saluer le nouveau souverain qu'il avait donné
à la France, et l'on doit dire à la louange de ce
prince étranger, qu'il rappela à Louis XVIII la nécessité de faire précéder son entrée à Paris par
l'émission d'une constitution quelconque, afin de
dégager la promesse que lui, autocrate, avait faite aux
Français. Le roi fit alors appeler M. de Talleyrand.

« Eh bien! dit Sa Majesté en voyant entrer le di-
« plomate, que devons-nous faire de la constitution
« du Sénat? — Hélas! Sire, pas grand chose de
« bon, je pense. — Mais encore. — Ce qu'une
« haute sagesse inspirera à Votre Majesté. — Et
« du passé, qu'en ferons-nous? — Il faudra tâcher
« de l'oublier, Sire. — Vous êtes donc pour une
« nouvelle constitution? — Je suis Français, et à

« ce titre, je crois qu'il nous faut du nouveau,
« n'en fût-il plus au monde. — Mais les anciens
« auront ceci en horreur? — Le roi, dont le droit
« remonte si haut, règne d'aujourd'hui. — Depuis
« dix-neuf ans , Monsieur. — Depuis l'an de grâce
« 987, si votre Majesté le préfère. »

Après ce préambule à bâtons rompus, Louis XVIII
fit connaître à M. de Talleyrand les principaux articles de sa charte. Le roi abordait le chapitre du
Corps législatif, lorsque le vice-grand-électeur l'in-
terrompit : «Si j'osais, lui dit-il, parler avec fran-
« chise à Votre Majesté, je me permettrais quel-
« ques observations sur une lacune. — Laquelle?
« parlez. — Sire, il n'y a point de traitement fixe
« pour les membres de la Chambre des députés. —
« Non, sans doute; leurs fonctions seront d'au-
« tant plus honorables qu'elles seront gratuites.—
« Oui, Sire; mais... gratuites... gratuites... cela
« sera bien cher! »

L'entretien ayant pris ensuite une nuance plus
intime, le roi remercia M. de Talleyrand des services qu'il lui avait rendus. « Votre influence, ajou-
« ta-t-il, a été réellement prodigieuse; car, enfin,
« il fallait plus qu'une habileté ordinaire pour
« abattre le Directoire, et tout récemment la puis-

« sance colossale de Bonaparte. —Mon Dieu, Sire,
« je n'ai rien fait pour cela; seulement il y a en
« moi quelque chose d'inexplicable qui porte mal-
« heur aux gouvernements qui me négligent... »
Ces paroles donnèrent beaucoup à réfléchir au roi.
Il pensa qu'il fallait employer cet homme, fatal à
ceux qui le négligeaient; mais il ne lui donna jamais sa confiance. Lorsqu'il fut ministre des affaires
étrangères, M. de Talleyrand, par son immense
habileté, gênait singulièrement le monarque; celui-
ci sentait que c'était à peine assez de sa grandeur
souveraine pour dominer ce sujet, qui savait faire
et défaire les rois.

V

L'homme qui s'était déclaré lui-même fatal à la
puissance qui le négligeait, fut donc rappelé au ministère des relations extérieures dès l'origine de la
Restauration. Or, à peine rentré au pouvoir, M. de
Talleyrand donna l'essor à cette verve de bons mots

et de plaisanteries incessantes qui, dans sa vie politique, se mêla constamment aux questions les
plus graves dont il eût à s'occuper, ou qu'il trouva
l'occasion de livrer en proie à sa malice. Ainsi,
chargé de présenter à la Chambre des pairs le bud-
get de 1844, l'habile diplomate glissa dans son
discours cette remarque plus juste que polie : « Il
« faut convenir que le gouvernement a bien peu
« usé en France de la puissance de la fidélité à ses
« engagements. »

Parmi les hommes investis de la confiance intime du roi, il y en avait quelques-uns dont
M. de Talleyrand avait fait la cible ordinaire de
ses traits les plus acérés : de ce nombre était
M. de Blacas. « Je ne connais pas, disait-il, de plus
« habile financier que lui : vous verrez qu'en
« moins d'une année il aura trouvé le moyen d'é-
« conomiser huit millions sur ses appointements de
« deux cent mille francs. » M. Beugnot était aussi
le plastron du malin diplomate. Un jour que
Louis XVIII parlait de cet honnête homme d'État
pour le ministère de la marine, M. de Talleyrand,
dans la bouche de qui le respect même ne pouvait
refouler une saillie, osa dire en présence du roi :
« Vraiment, je ne sais ce que le long Beugnot pour-

« rait faire à la marine, à moins qu'il n'y soit
« employé en qualité de mât d'artimon. »

L'acte le plus important de la carrière politique
de M. de Talleyrand, en 1814, fut la ratification du
malheureux traité conclu en avril par le comte
d'Artois. Dans cette ratification, qui fut signée le
30 mai, l'habile diplomate eut la douleur de passer
condamnation sur la réduction du territoire français aux limites de 1792 : toutes les conquêtes de
la République, déjà victorieuse, et celles de cette
glorieuse période impériale qui la suivit, étaient
évanouies sous le trait de plume honteusement léger du lieutenant-général, et M. de Talleyrand ne
put rien en ressaisir. Les alliés n'en voulaient,
avaient-ils dit, qu'à Napoléon, et l'Empire était non
seulement démembré dans ses provinces les plus
françaises, mais démantelé sur ses frontières nouvelles, et en face des places fortes retournées contre lui. C'était à ce prix que l'étranger nous rendait
les Bourbons.

Cependant les intérêts de l'Europe, après la
grande perturbation qui venait de l'agiter, devaient être réglés dans un congrès. Il fut ouvert à
Vienne au mois de septembre 1814. Louis XVIII,
peut-être plus empressé d'éloigner M. de Talley-

rand que de disputer aux alliés quelques bribes de puissance, Louis XVIII désigna l'homme nécessaire qui avait traité sur les tapis diplomatiques depuis vingt ans, pour représenter la France dans ce conseil de puissances où l'on devait surtout faire les parts d'une curée que notre belle patrie avait fournie. On donna pour aides ou pour surveillants au grand diplomate MM. de Dalberg, de la Tour-du-Pin, Alexis de Noailles, et de la Besnardière, personnages secondaires sur le compte desquels il s'exprima ainsi : « J'emmène Dalberg, parce qu'il « me servira, par ses relations, à propager les se- « crets que je voudrai divulguer; Noailles est « l'homme du pavillon Marsan; et quant à être « surveillé, j'aime mieux l'être par un agent que « j'ai choisi que par un autre qui me serait in- « connu ; la Tour-du-Pin me servira à signer les « passeports, et cela est nécessaire. Je réserve la « Besnardière pour le travail. »

Dans les instructions données à M. de Talleyrand, et dont nous allons résumer la teneur, on va reconnaître quelle était et quelle sera toujours la pensée dominante des *Bourbons-principe* que l'Europe nous rendait. Ces instructions, écrites par Louis XVIII lui-même, consistaient à peu près exclusivement à plaider la cause du roi de Saxe, dont les droits se rattachaient à la question de légitimité, età pousser le congrès au renversement du roi Murat, afin de rétablir les Bourbons napolitains. Ainsi, la légitimité, toujours la légitimité! absorbant le principe politique de la France ; le surplus était accessoire.

Le congrès, au bruit des gémissements de l'Europe, sur le sol même qui recouvrait à peine les ossements de trente mille victimes tombées en 1809 sous les murs de Vienne ; le congrès s'ouvrit par des fêtes magnifiques, où les banquets, les concerts, les spectacles, les jeux, les bals surtout, formèrent une suite non interrompue de délices. Le bon mot du prince de Ligne fut complétement réalisé durant l'hiver de 1814 à 1815 : le congrès dansa beaucoup et ne marcha pas. Il faut dire que les diplomates français, toujours Français dans les plus graves circonstances, avaient attiré à Vienne un essaim de ces charmantes bayadères, reines de l'Opéra, qui, à l'exemple des potentats du monde, portent quelquefois leurs armes à l'étranger. «On citait une de ces beautés, » a dit un mémorialiste, « chez laquelle les plus grands seigneurs étaient obligés de se faire inscrire à tour de rôle... Tel diplomate, à moins d'un tour de faveur (et ces tours-là étaient réservés aux jeunes), dut souvent attendre quinze jours le privilége de son numéro d'inscription. » Ainsi l'or enlevé par tonnes de notre malheureux pays, où les brandons de la guerre fumaient encore, s'écoulait en orgies scandaleuses et en voluptés stipendiées. Le prix des misères et du sang des Français était dissipé, ici en dispendieuses futilités, là en immoralités produites au grand jour.

Que dirons-nous de cette facétie mystique dont l'empereur Alexandre et madame de Krudner couvrirent une intrigue galante qui, du reste, n'abusa personne. La belle Allemande renouvelait purement et simplement madame Guyon. Le portrait de cette prophétesse du *quiétisme* est étonnant de ressemblance avec celui de *l'inspirée* du congrès. On en pourra juger, voici madame Guyon sur le chevalet du chroniqueur. « Elle avait une imagination ardente, un cœur tendre, une éloquence persuasive, que secondaient merveilleusement la régularité de ses traits, la douceur de ses yeux et la fraîcheur de sa bouche. Encline dès sa tendre jeunesse aux rêveries mystiques, elle recherchait dans les affections de la terre une pureté qu'elle ne trouvait point, mais qu'elle cherchait toujours; d'où elle tira la conséquence que *l'amour pur* était une flamme d'en haut, qui ne brûlait que dans quelques cœurs privilégiés... Persuadée qu'elle portait en elle ce foyer de la spiritualité divine, dont elle devait s'empresser de répandre les bienfaisantes étincelles, madame Guyon recherchait partout des prosélytes, et rarement elle les trouvait dans les personnes de son sexe. Voici la formule d'initiation qu'elle employait: « O mon fils ! mon cœur est « scellé au tien ; je mourrais s'il y avait le moindre « entre-deux entre toi et moi. » Rien n'était plus séduisant que la doctrine de la jeune illuminée ; loin de se présenter hérissée de toutes les austérités de la Thébaïde, elle vous conduisait à la grâce par des chemins fleuris ; son aspect seul était une séduction. Il entrait dans ses pratiques pieuses de soigner minutieusement sa parure, de laisser entrevoir son sein et de danser avec une grâce recherchée. Madame Guyon n'approuvait les vœux de chasteté que pour un temps; elle ne souffrait pas plus qu'une coquette du monde, que d'autres femmes fussent belles en sa présence; et elle crut dans l'ordre du *spiritualisme* de choisir pour précepteur de son fils le plus joli, le mieux fait des abbés, qui enseignait le latin à la mère au lieu de l'apprendre à l'enfant! Enfin, en aimant Dieu de toute son âme, la fondatrice du *quiétisme* se cramponnait au monde de toutes ses forces matérielles. Du reste, ses prédications ne pouvaient manquer de lui faire des prosélytes : elle ne blâmait point l'orgueil, ne stimulait nullement la paresse, ne gênait en rien la volupté... Aimer, mais aimer à sa manière, tel était l'unique point de morale religieuse de madame Guyon. Cependant elle fit plus que de prêcher, elle écrivit un livre intitulé *les Torrents...* torrents de flamme qui embrasèrent un grand nombre de jeunes cœurs. »

Or, madame de Krudner, qui sans doute avait lu l'histoire de madame Guyon, trouva que le rôle d'inspirée était agréable à jouer dans les conditions que nous venons de rappeler ; elle pensa surtout qu'il y aurait grand plaisir et grand honneur à *coller son cœur* à celui d'un empereur encore jeune et très beau cavalier... ce dut être une chose curieuse que de voir rire M. de Talleyrand d'une telle origine de la *sainte alliance.*

Le chef des plénipotentiaires français (il faut mentionner ceci à sa louange) ne se laissa pas subjuguer par les délices de Capoue ; vainement vou-

lut-on le séduire en faisant trouver sur ses pas
deux des plus beaux yeux de l'Allemagne; il pré-
tendit que sa vue basse l'empêchait d'apprécier tant
de beauté. L'ambassadeur ne restait pas toutefois
étranger à ces récréations diplomatiques : il s'en
était fait le chroniqueur pour les menus-plaisirs de
son souverain, auquel il racontait, dans un bulletin
périodique, les intrigues galantes des plus hauts
personnages... « Triste consolation, a dit un mémorialiste malicieux, pour un prince qui ne pouvait être, si l'on peut ainsi s'exprimer, que *moralement scandaleux.* »

M. de Talleyrand, à l'ouverture du congrès, joua
un rôle beaucoup moins que secondaire. Repré-
sentant d'une puissance vaincue, il ne pouvait lutter contre les vainqueurs. L'habile diplomate marchait sur un terrain miné de toutes parts, et il y
marchait environné de méfiances, d'inimitiés, d'ambitions actives et de haines vengeresses. Il devait
donc refréner son audace, assouplir sa fermeté,
agir constamment par insinuation. Dans cette situation difficile il eut recours au seul moyen que le
faible puisse employer avec succès contre le fort :
diviser pour régner. Ce moyen lui réussit autant
qu'il pouvait réussir.

Notre ministre n'avait point été admis aux premières conférences; ses protestations contre cette exclusion furent douces, mais persistantes, et il eut l'art d'y joindre celles des ministres d'Espagne, du Portugal et de la Suède. Enfin l'habile diplomate rallia à son parti le Saint-Siége, le Danemark, la Saxe, le Wurtemberg, la Bavière et les autres petites souverainetés de l'Allemagne. Il faut tout dire, la haute réputation de l'homme suppléa à la prépondérance dont ne jouissait plus la puissance; jamais M. de Talleyrand n'avait montré autant d'habileté qu'il en déploya au congrès de Vienne; jamais son langage n'avait été plus séduisant, sa subtilité plus ingénieuse. Bref, cet homme d'État qui, au début des négociations, s'était vu repoussé du congrès, l'amena à tenir ses séances chez lui. Il ne se flatta pas, toutefois, de reprendre son influence passée jusqu'à dicter des lois; il avait compris même qu'il en aurait de dures à accepter. En effet, il dut se résigner à voir la Prusse agrandie, menaçante pour nos frontières; il lui fallut subir l'anéantissement de notre influence au-delà du Rhin, l'érection du royaume des Pays-Bas sous la protection de l'Angleterre, et le commandement de ses forteresses par les généraux anglais. Le ministre français dut s'effacer lorsqu'on agita la recomposition du royaume de Pologne, les restitutions demandées par l'Autriche, un règlement pour l'Italie, et beaucoup d'autres questions secondaires. Mais, dans le conflit de prétentions des potentats sur les territoires qui leur convenaient, M. de Talleyrand sut profiter du froissement des intérêts contraires pour souffler le feu de la discorde entre les prétendants; il parvint à dissoudre la coalition jusqu'au point d'obtenir un traité avec l'Autriche et l'Angleterre contre la Prusse et la Russie. D'un autre côté, M. de Talleyrand avait réussi sur les deux points les plus recommandés de sa mission : le roi de Saxe n'était pas dépossédé, et Louis XVIII avait la permission de faire marcher des troupes sur Murat. Déjà même le ministre de la guerre échelonnait sur la route d'Italie une armée de trente mille hommes, destinée à détrôner le beau-frère de Napoléon.

Mais le ministre de France n'acceptait pas définitivement le sort déplorable que le congrès faisait à cette puissance qui, naguère, donnait des lois à l'Europe continentale. Le théâtre diplomatique était devenu depuis quelque temps une arène où l'on échangeait incessamment des menaces;

les souverains réunis à Vienne pouvaient être comparés à ces viveurs qui, le dimanche, se pressent dans les guinguettes; ils avaient banqueté, dansé, courtisé les beautés faciles; puis, après l'orgie, venaient les querelles, et l'on songeait à se battre. M. de Talleyrand observait les parties belligérantes, prêt à vendre le concours de la France, et à le vendre un prix tel qu'il pourrait racheter nos frontières et la gloire de nos armes.

Les choses en étaient à ce point lorsque la nouvelle du débarquement de l'empereur Napoléon parvint à Vienne. Ceux qui ont dit que les souverains avaient ri d'abord de cette audacieuse entreprise étaient mal informés; loin de là, une stupeur générale s'empara du congrès, et des témoins oculaires ont rapporté que Talleyrand lui-même, si impassible au sein des plus graves péripéties, s'écria : *Tout est perdu!...* C'est que Talleyrand connaissait bien la situation réelle de la France; il savait qu'une désaffection générale se prononçait contre les Bourbons, dont les projets contre-révolutionnaires se produisaient à découvert dans toutes les parties de l'administration, sans que Louis XVIII osât s'opposer à ce retour rapide vers l'ancien ré-

gime, provoqué par les princes et les débris ardus
de l'émigration.

Cependant l'ambassadeur ne demeura pas longtemps abattu sous le coup du sort qui venait d'é-
clater. Il commença par exciter la colère des souverains contre cet audacieux aventurier qui, disait-il,
rompait son ban pour troubler de nouveau la paix
du monde. Ce fut lui qui rédigea le projet de la
déclaration qui devait mettre le plus grand homme
des temps modernes, non-seulement hors la loi des
nations, mais hors la loi de l'humanité. Le diplomate français, s'il eût obéi au premier élan de sa
pensée, serait peut-être revenu à Napoléon, afin de
se faire une position plus grande que jamais. La
réflexion le détourna de ce parti, s'il y songea ; il se
sentit trop compromis pour courir la chance d'une
nouvelle fortune impériale ; et, contraint de brûler
ses vaisseaux, il comprit qu'il devait brûler aussi
ceux de la coalition, afin qu'il ne restât aucune
chance d'un arrangement que les intérêts de Marie-
Louise et de son fils auraient pu amener.

Les monarques réunis à Vienne se montrèrent
disposés à sévir contre Napoléon, parce qu'ils entre-
virent dès lors une occasion d'achever, à leur profit, la ruine de notre malheureuse patrie. Mais ils

déclarèrent, au premier moment, que les Bourbons n'ayant pas su se conformer aux vœux et aux besoins d'une nation civilisée pour la gouverner, ils renonçaient à leur prêter l'appui de leurs armes; ajoutant qu'ils feraient la guerre pour abattre l'usurpateur, non dans l'intérêt d'une dynastie qui, loin de protéger les Français, semblait avoir pris à tâche de les humilier par les dispositions les plus révoltantes.

Après une déclaration publiée le 13 mars, et qui ne se rapportait qu'à la nécessité de maintenir le repos de l'Europe, M. de Talleyrand travailla-t-il immédiatement à ramener les souverains de leur éloignement pour la branche aînée des Bourbons? Nous ne le croyons pas, et peu de personnes le crurent en 1815. Mais il se hâta d'écrire à Louis XVIII : « J'ai demandé qu'une déclaration « signée par les puissances mît Bonaparte hors « du droit commun, et j'espère, Sire, l'obtenir « incessamment. Je me hâterai de la transmettre à « Votre Majesté, présumant que cette connaissance « fera réfléchir ceux qui seraient portés à la tra- « hison. »

Il passa alors pour certain que M. le duc d'Orléans, retiré en Angleterre, ayant appris que le congrès se montrait peu disposé à continuer sa protection à Louis XVIII, avait adressé à Vienne deux mémoires explicatifs des causes qui, en 1789 et 1815, avaient causé les adversités des Bourbons. Si cette démarche eut lieu, en effet, Son Altesse dut avoir en vue d'apprendre aux puissances que, dans la même situation, elle saurait s'abtenir de nouvelles fautes. Ne nous rendons point garant de l'authenticité d'une version dont nous ne sommes que l'écho. Mais la conduite que M. de Talleyrand tint à Vienne prête à ce dire une certaine vraisemblance.

Après les désastres de Waterloo, Fouché, ministre de Napoléon durant les Cent Jours, fut le premier à provoquer sa déchéance; et simultanément, il essaya de faire plaider à Vienne la cause de Napoléon II, en même temps qu'il sondait M. de Talleyrand sur la candidature du duc d'Orléans. Le grand diplomate accueillit-il cette dernière ouverture? On le pensa généralement. Quoi qu'il en soit, l'empereur Alexandre, alléguant l'impuissance gouvernementale des Bourbons de la branche aînée, lança dans le conseil la proposition d'appeler M. le duc d'Orléans au trône de France. Cette proposition eut une heure de succès; on penchait assez

pour l'adoption ; mais un plénipotentiaire anglais,
lord Clancarty, se prononça contre ce projet, qui,
disait-il, autoriserait les entreprises de toutes les
branches cadettes des maisons régnantes. Jusqu'a-
lors M. de Talleyrand n'avait pas apporté la moindre opposition aux tendances orléanistes du congrès ; mais, après la motion du ministre anglais,
il se montra le serviteur dévoué de Louis XVIII,
et trois jours après, ce monarque reçut à Gand le
plus expansif témoignage de *la fidélité* de son
ambassadeur.

Dans sa lettre, M. de Talleyrand annonçait au
roi son prochain départ pour Gand ; il s'y rendit
en effet ; mais Louis XVIII en était déjà parti ;
il ne le rejoignit qu'à Mons. L'habile diplomate se
rendit ensuite au Cateau-Cambresis, où s'ouvri-
rent avec lord Wellington des négociations durant
lesquelles ce général anglais entra dans des détails relatifs au gouvernement de la France, devant
lesquels la pudeur de l'empereur Alexandre avait
reculé l'année précédente. Il va sans dire que, dans
cette combinaison anglo-française, M. de Talleyrand
fit très ample sa part d'autorité : il eut en même
temps le ministère des affaires étrangères et la présidence du conseil.

M. de Talleyrand rentra à Paris le 6 juillet 1815, deux jours avant le retour de Louis XVIII. Parmi les fourgons de l'armée prussienne qui entraient par la barrière de l'Étoile, on remarqua une vieille calèche, au fond de laquelle se couchait un individu soigneux de se dérober à la curiosité publique; il avait raison, car cet individu était le héros de cette histoire. Les bagages au milieu desquels cette puissance diplomatique s'avançait, conduite par des chevaux et des postillons prussiens, s'arrêtèrent à l'entrée de la place Louis XV, et Charles-Maurice vit qu'il allait avoir à traverser cette place dans un complet isolement. Il n'accepta pas cet abandon; les fourgons l'enveloppèrent de nouveau et le conduisirent jusqu'à la porte de son hôtel. M. de Talleyrand se souciait assez peu du retentissement de l'indignation publique; mais il redoutait ses effets, et craignait peut-être qu'une des lanternes de 1789 ne se retrouvât à quelque coin de rue.

VI

La carrière diplomatique de M. de Talleyrand, après son retour du congrès, n'offrit plus que quelques éclairs de splendeur : c'est qu'il est difficile de travailler pour la gloire dans une sphère dépourvue de grandeur, et que traversent à toute heure les humiliations. Lors de la seconde invasion, M. de Talleyrand, indigné du brigandage exercé en France par les alliés, essaya d'invoquer auprès des souverains les principes proclamés par eux en 1814; ses représentations ne furent point écoutées, et vainement il leur dit : « Nous vivons à une « époque où, plus qu'en aucune autre, il importe « d'affermir la confiance des peuples dans la parole « des rois. »

L'homme d'État célèbre, en repliant son attention vers le gouvernement intérieur du royaume, y rencontrait d'autres motifs de découragement. En se faisant donner la présidence du conseil, il avait entendu exercer un pouvoir de fait, afin de régir les affaires, s'il était possible, dans l'intérêt bien entendu de la monarchie. Mais Louis XVIII, qui tenait bien plus à la plénitude de sa puissance qu'à son action salutaire, Louis XVIII se lassa bientôt d'un ministre qui voulait le réduire à régner sans gouverner, et que le parti royaliste, le pavillon Marsan surtout, repoussait de tous ses vœux. Au moment même où M. de Talleyrand reconnaissait qu'il lui serait impossible de diriger l'administration avec quelque sagesse, l'humiliation de la France achevait de se tramer dans la diplomatie étrangère;

l'homme qui avait signé tant de traités glorieux ne voulut pas alors mettre son nom au bas de celui qui allait consommer la honte et la ruine de son pays, il remit la présidence du conseil au duc de Richelieu, qui, pour premier titre à gouverner la France, avait, selon son prédécesseur, l'avantage de connaître parfaitement la Crimée. Talleyrand eut l'art de se faire renvoyer, mais non pas à temps, pour s'épargner la triste obligation de signer une longue liste de proscrits. L'adieu de l'habile politique au pouvoir fut marqué par quelques traits de patriotisme que son historien ne doit pas omettre : « Après avoir retiré le char de l'ornière de la Révo- « lution, dit-il à Louis XVIII, il faut bien se gar- « der, Sire, de le laisser pencher de l'autre côté. » M. de Talleyrand s'éleva avec véhémence contre les spoliations faites dans nos musées, et refusa obstinément de prendre part à la honteuse niaiserie qui effaça les noms glorieux que nos rues avaient reçus depuis 1790, pour reprendre ceux, pour la plupart insignifiants ou ignobles, qu'elles portaient avant la Révolution.

Nous avons dit que Charles-Maurice eut l'art de se faire renvoyer au moment où tout gouvernant allait devenir solidaire de la honte infligée à cette nation naguère placée si haut dans l'opinion du monde; voici ce qui se passa entre Louis XVIII et son ministre, et comment fut amenée leur séparation. L'habile homme d'État, dans tous ses entretiens avec le roi, lui conseillait une alliance avec l'Angleterre, au risque d'une rupture avec la Russie. Nous ne nous rendons pas garant du désintéressement de ce conseil : l'ambassadeur français à Vienne et l'empereur Alexandre s'étaient souvent trouvés en désaccord durant le congrès : désaccord produit, disait-on, par le conseil donné à Louis XVIII de ne point consentir au mariage du duc de Berri avec une sœur du tzar. « La France serait perdue, dit un soir M. de Talleyrand durant une vive discussion avec le roi; elle serait perdue sans ressources si, dans sa situation actuelle, elle acceptait un autre allié que l'Angleterre. Pour moi, continua le ministre, je ne pourrais conduire les affaires dès qu'elles prendraient une direction opposée à celle que j'indique, et que j'ai mûrement étudiée... Du reste, ajouta-t-il, je crois que l'empereur de Russie n'est nullement disposé à accorder des conditions favorables à la France... Quant à moi, j'ai tout lieu de craindre que ma conduite, guidée par l'amour de la patrie, n'ait blessé l'empe-

reur; et je me crois incapable de faire pour la légitimité ce que j'ai eu le bonheur d'accomplir l'année
dernière... Cependant, si le roi m'ordonne de voir
Sa Majesté impériale, j'obéirai, quoi qu'il dût m'en
coûter. — Je ne veux point vous faire violence,
répondit Louis XVIII; néanmoins il faut que la politique française s'appuie désormais sur la Russie.
— Je n'ai plus qu'à me retirer des affaires, répliqua M. de Talleyrand avec quelque empressement;
je prie donc le roi d'accepter ma démission.
— Vous me causez une profonde douleur en me
contraignant à la recevoir (Sa Majesté blessait
encore plus la vérité); mais malgré mon sincère
attachement, malgré ma gratitude pour les services que vous m'avez rendus, je dois me résigner. »

On ne sait vraiment dans quelle intention
Louis XVIII ajouta : «Vous êtes sans reproches, et
rien ne vous empêche de rester tranquillement à
Paris. » Un vif mouvement de tête de M. de Talleyrand décela le dépit avec lequel il accueillait
cette singulière observation. — « Sire, répondit-il,
j'ai eu le bonheur de rendre assez de services à
Votre Majesté pour croire qu'elle en a conservé la
mémoire. Je ne comprendrais pas ce qui pourrait

occasionner ma sortie de la capitale. J'y resterai, et je serai trop heureux d'apprendre qu'on ne fera pas suivre au roi une ligne capable de compromettre sa dynastie et la France. »

A partir de ce jour, M. de Talleyrand, dont le roi avait fait, après Napoléon, son grand-chambellan, se renferma strictement dans le cercle des devoirs que l'étiquette lui prescrivait. Pair de France, il discuta et resta avec l'opposition. Deux de ses discours seulement produisirent une vive sensation, l'un, contre la censure, l'autre contre la guerre d'Espagne. Mais à quelle émission de saillies mordantes ne se livrait-il pas dans ses salons? Combien de renommées ne furent-elles pas blessées mortellement par ses épigrammes, dont toutefois on a doublé le nombre, par cette manie que l'on a toujours de prêter aux riches. Il arriva plus d'une fois que le grand-chambellan, debout, derrière le fauteuil à roulettes du roi, ne put donner un frein à sa langue aiguë. Il est vrai que la malice de Louis XVIII provoquait quelquefois la sienne. On sait que ce monarque qui, même après la sécularisation prononcée par le pape, persistait malignement à voir un évêque dans Charles-Maurice de Talleyrand, l'avait obligé à renvoyer sa femme en

Angleterre, ce qui ne l'avait pas affligé profondément. Or, cette dame étant revenue, Louis XVIII dit au grand-chambellan : « Eh bien, prince, madame de Talleyrand est donc revenue? — Mon Dieu! oui, Sire, répondit le malin dignitaire, j'ai eu mon 20 mars. » Depuis lors, le roi ne joua plus à l'épigramme avec l'homme le plus habile à la répartie qui ait continué l'incisif Beaumarchais.

Après avoir installé les Bourbons, comme nous l'avons vu, M. de Talleyrand, sorti du conseil, faisant de l'opposition à la Chambre des pairs, et de l'épigramme envers et contre tous dans son salon, n'accepta pas sans réserve la vétérance qu'on lui imposait. Ainsi que ces vieux avocats qu'on ne veut plus au Palais, mais dont l'expérience se replie dans la sphère des consultations, le grand diplomate se fit, dit-on, le conseiller d'une fortune que les fautes multipliées et d'une importance toujours croissante du gouvernement servaient à souhait. M. de Talleyrand n'était en apparence qu'un grand-chambellan pénétré des devoirs de sa haute domesticité, et assidu à toucher les cent mille francs attachés à cette charge; mais, dans la coulisse politique, l'homme de 1792, de 1799, de 1804 et de 1814 se retrouvait pour féconder le germe d'un régime nouveau, que devait amener infailliblement l'aveugle et immobile impéritie d'une famille qui n'avait rien appris et rien oublié.

<h1 style="text-align:center">VII.</h1>

La troisième des grandes journées atteignait le milieu de sa course; un piétinement précipité, auquel se mêlait un bruit confus d'armes et de paroles animées se faisait entendre le long de l'élégante rue de Rivoli : c'était la garde royale qui, repoussée du Louvre et des Tuileries par le peuple, lui rendait le souverain pouvoir, en lui donnant la victoire. Lorsque la tête de cette colonne fugitive parvint vis-à-vis l'hôtel de l'Infantado, où le trône de France avait été livré en 1814 à la famille qui le reperdait maintenant, un vieillard, habitant de cet hôtel, s'avança vers une pendule, et, désignant du doigt l'heure qu'elle marquait, dit à quelqu'un : « Monsieur, mettez en note que le 29 juillet 1830, « à midi cinq minutes, la branche aînée des Bour- « bons a cessé de régner en France. » Celui qui prononçait cet arrêt d'une monarchie, c'était Charles-Maurice Talleyrand de Périgord, le serviteur de la République contre la monarchie en 1792, le serviteur d'une ambition heureuse contre la Révolution en 1799; le serviteur d'une usurpation souveraine contre la République, en 1804; le serviteur des Bourbons contre l'empire de Napoléon, en 1814; enfin l'homme qui, dès longtemps déjà, se préparait à servir tel pouvoir que le peuple triomphant élèverait sur son pavois, fut-ce même l'orageuse république de 1793, dont cet homme saurait au besoin retrouver l'esprit. Mais M. de Talleyrand ne devait pas être appelé à servir une aussi démocratique effervescence : le grand drame de la

Révolution de 1830 allait changer de caractère après le prologue, et le peuple, le grand acteur de l'exposition, disparaîtrait bientôt du théâtre.

Le 29 juillet au soir, une adresse, rédigée par la réunion de députés qui s'était constituée Chambre représentative, ayant appelé M. le duc d'Orléans à la lieutenance-générale du royaume, une commission fut chargée d'aller présenter ce message à son altesse royale. « Le prince, dit un historien de cette époque, était encore à Neuilly. La commission lui écrivit pour l'instruire de la mission qu'elle avait à remplir près de sa personne. Son Altesse royale s'empressa de se rendre à Paris, où elle arriva, à pied, à onze heures du soir, accompagnée du colonel Berthoix. Le lendemain matin, la députation fut avertie que le duc était prêt à la recevoir. A neuf heures elle fut admise : elle se composait de MM. Bérard, Sébastiani, Benjamin Delessert, Duchaffaut et Mathieu Dumas... M. Bérard prit la parole, et développa longuement les motifs d'intérêt général pour la nation, et d'intérêt privé pour le prince qui, selon l'orateur, faisaient une loi au duc d'Orléans d'acquiescer à la proposition des députés... » M. Sébastiani, soit opposition convenue, soit conviction, soutenait au contraire que son

altesse royale devait décliner l'offre qui lui était
faite... Nous serions tenté de croire à la première
hypothèse, par l'appréciation de la démarche que le
général fit quelques instants plus tard. « Le prince,
indécis et manifestement tyrannisé par la crainte
et l'espérance, continue l'historien que nous ci-
tons, parla longuement de ses liens de famille avec
Charles X ; puis il se résuma en disant qu'il ne pouvait prendre de détermination qu'après avoir consulté *une personne qui n'était point là*. Et son altesse royale passa dans son cabinet, où se trouvait
déjà M. Dupin, et où M. Sébastiani ne tarda pas à
être appelé. »

Or, ce fut précisément M. Sébastiani que l'on vit
bientôt entrer à l'hôtel de l'Infantado. M. de Talleyrand était occupé à faire sa toilette lorsqu'on lui
annonça le messager du Palais-Royal ; celui-ci lui
remit une dépêche cachetée, qu'il ouvrit négligemment. Après l'avoir parcourue avec une légèreté
vaniteuse, dit l'auteur de *l'Histoire de Dix ans*, il la
rendit au général et lui dit : *C'est bien, il faut accepter*. Ainsi, l'ex-grand-chambellan de Napoléon,
de Louis XVIII et de Charles X devint l'arbitre de
la révolution de Juillet. M. le duc d'Orléans, docile
à son conseil, accepta la lieutenance-générale du

royaume. Le prince comprit dès lors qu'il posait le pied sur une planche de passage pour arriver à la royauté ; car le jour même il disait affirmativement aux Parisiens : *Une charte sera désormais une vérité.*

M. de Talleyrand, toujours conséquent, selon sa propre appréciation, à son système de patriotisme, s'était, sans nul doute, voué aux intérêts de la branche cadette des Bourbons, et avait médité d'avance sur les moyens de faire accepter à l'Europe l'avénement au trône de M. le duc d'Orléans. On ne fut donc point étonné lorsqu'au mois de septembre 1830, sa majesté Louis-Philippe soumit au conseil la nomination du vieux diplomate à l'ambassade de Londres. Cette communication fut accueillie avec une extrême défaveur : MM. Laffitte, Dupont (de l'Eure), Bignon et Molé déclarèrent sans détour que ce choix était essentiellement impopulaire ; mais ces hommes d'État n'osèrent persister dans leur opposition. Rien ne pouvait cependant compromettre plus gravement une politique qui pouvait être puissante. L'occasion était venue de protester hautement, et tandis qu'un grand peuple était encore debout, contre les honteux traités que nous subissions ; cette occasion échappait cependant à la Révolution, si le signataire plus ou moins résigné de ces traités représentait la France auprès du cabinet de Saint-James; et en se jetant ainsi dans l'alliance de l'Angleterre, il fallait renoncer à celle de la Russie. Donc une double raison devait éloigner M. de Talleyrand de l'ambassade qu'il obtenait : la plus importante légation que le nouveau monarque pût donner échéait à l'homme qui, en 1814 et 1815, avait été l'un des artisans des humiliations dont nous avions été abreuvés; et confier notre politique extérieure à ce partisan de l'alliance anglaise, c'était tendre les bras aux chaînes d'une rivalité hostile. Un tel choix ne pouvait obtenir l'assentiment d'une nation qui venait de protester, les armes à la main, contre les traités de Vienne et de Paris. Et puis une de ces révolutions au fond desquelles réside toujours un principe équitable, une pensée morale, pouvait-elle agréer volontiers l'homme qui, depuis 1789, élevait l'édifice de sa fortune et de sa renommée en entassant des immoralités. M. de Talleyrand partit néanmoins pour Londres; il y parut après quarante ans, comme pour ressouder l'œuvre de la Constituante aux besoins d'un peuple qu'une longue suite d'expériences malheureuses paraissait ramener aux

conceptions de cette législature illustre. « Sire, dit
« le ministre français au roi d'Angleterre, de
« toutes les vicissitudes que mon grand âge a tra-
« versées, de toutes les diverses fortunes auxquel-
« les quarante années si fécondes en événements
« ont mêlé ma vie, rien peut-être n'avait aussi plei-
« nement satisfait mes vœux que le choix qui me
« ramène dans cette heureuse contrée... Des prin-
« cipes communs resserrent encore plus étroitement
« les liens des deux pays; l'Angleterre, au de-
« hors, répudie, comme la France, le principe de
« l'intervention dans les affaires intérieures de ses
« voisins, et l'ambassadeur d'une royauté votée
« unanimement par un grand peuple se sent à
« l'aise sur une terre de liberté, près d'un descen-
« dant de l'illustre maison de Brunswick. »

M. de Talleyrand connaissait trop bien la politique anglaise pour croire qu'elle professât le système de la non-intervention autrement que pour
les autres nations, non pour la Grande-Bretagne;
et quant à cette prétendue liberté dont les peuples
de l'Angleterre connaissent le néant, il pressentait
peut-être qu'elle serait en parfaite harmonie avec
les institutions libérales réservées à la France.
Aussi le discours du diplomate vétéran fut-il ac-

cueilli avec beaucoup de faveur ; et les bases de
cette alliance anglaise, qui, sous l'empire de toutes
les concurrences nées des progrès de deux grands
peuples, sera toujours ou impossible ou d'une
exécution désastreuse pour nous, furent posées
dès les premières conférences. Ce serait, je crois,
calomnier M. de Talleyrand que de croire qu'il
n'aperçut pas cette immense aberration d'une fausse
politique ou d'une honteuse faiblesse ; mais l'ambassadeur, vieilli dans les congrès, avait mission
de traiter, non de combattre. Nous eûmes pour
alliés, plus que douteux et toujours prêts à devenir
hostiles, ces Anglais dont les intérêts ne pourront
jamais être les nôtres, et pour ennemis menaçants,
les Russes, dont l'alliance eût été plus rationnelle.

Bientôt la dissolution du royaume des Pays-Bas
amena sur le tapis diplomatique de Londres cette
question belge qui pouvait offrir à la France l'occasion de protester contre la honte des traités de
1815, en accueillant les vœux du peuple qui se
donnait à nous. Mais, loin de là, M. de Talleyrand
s'effaça avec une constante humilité, un oubli complet de son passé, non pas glorieux, mais intelligent. Il laissa couronner roi des Belges un candidat
présenté par l'Angleterre, et que nos armes et

notre trésor affermirent sur son trône. Les Anglais et M. de Talleyrand voulurent bien laisser à la France le sacrifice d'or et de sang qu'il en coûta pour consolider cette nouvelle monarchie. M. Louis Blanc, dans son *Histoire de Dix ans*, a donc dit avec beaucoup de raison que le rôle du vieux diplomate à Londres fut d'une insignifiance parfaite; qu'il signa des protocoles qui affaiblissaient la Belgique quand elle nous tendait les bras, et en signa d'autres qui lui permettaient de se fortifier contre nous. Faudra-t-il donc reconnaître que ce soit une destinée glorieuse pour une descendante de Henri IV d'être entrée dans le lit d'un prince de Cobourg; et pourra-t-on pardonner à M. de Talleyrand d'avoir souffert que les trophées insolents de Waterloo continuassent de peser sur une terre où la fille du roi des Français allait régner. Il faut en convenir avec l'écrivain que nous venons de citer, dans la question belge, considérée sous toutes ses faces, M. de Talleyrand fut insuffisant, subalterne, et ne montra que le diplomate usé. Ses collègues des conférences le soumirent à leurs vues, à leurs desseins; abandonnant pour toute compensation à sa vanité le puéril triomphe de ses bons mots. On ne doit pourtant pas lui laisser toute la resposabilité de cette infâme conduite : la politique qu'il devait suivre manquait d'élévation ; l'habileté même des beaux jours du diplomate n'en eût pu faire sortir rien d'honorable. Il fut également joué dans la question polonaise. Lord Palmerston, pour amener l'ambassadeur à certaines concessions quant aux affaires de la Belgique, prit à demi l'engagement d'intervenir en faveur des Polonais. M. de Talleyrand satisfit le ministre anglais; et lorsque celui-ci eut obtenu ce qu'il désirait, il refusa tout concours favorable à la malheureuse Pologne. Qu'on me montre un écrit, dit-il en parodiant Charles-Quint, sommé de sa parole par l'imprévoyant François Ier.

Nous ne voyons pas dans tout ceci, même en y ajoutant la conclusion tant vantée de la quadruple alliance, nous ne voyons pas en quoi le parti whig favorisa M. de Talleyrand, et quel concours il prêta à la politique française par son avénement au pouvoir. Il est au contraire évident que cette politique se plia, se façonna au gré des prétentions du gouvernement britannique tant qu'il lui en survint, et que le crépuscule diplomatique de l'ex-premier négociateur du monde ne fut remarquable que par une passion acharnée pour le jeu de whist, dernier refuge de l'ardeur cupide qui s'était ruée jadis sur toutes les matières exploitables de la politique.

Aux deux extrémités de la carrière de M. de Talleyrand, l'influence féminine le gouverna ; durant la première révolution, madame de Staël créa le crédit d'un homme qu'elle aimait et qui pouvait favoriser l'intrigue qu'elle aimait encore plus. Après juillet 1830, madame de Dino exploita la position d'un vieux parent au gré de ses caprices. La baronne s'était montrée femme tendre et femme politique tout à la fois : la duchesse mit sous ses pieds chaussés de satin cet intérêt national devenu vulgaire, et ne songea qu'à se rendre charmante par le mépris de toute cette vulgarité révolutionnaire, passeport dont elle désavouait l'autorité. La nièce de M. de Talleyrand, investie par lui d'une entière et souvent oublieuse confiance, fut-elle étrangère à l'enlèvement des fameuses lettres dont la divulgation ou la supposition produisit, il y a quelques années, tant d'éclat. Quoique le nom de la duchesse ait été mêlé à cette ténébreuse affaire, on ne peut, assurément, penser qu'elle ait voulu tirer de la nuit du silence une correspondance qui, si elle fut réelle, ne devait jamais voir le jour. Mais il est dans la vie des moments de préoccupation impérieuse où l'on oublie de fermer les tiroirs ; et de quel tiroir diplomatique exploré ne sortirait pas le scandale?

Il est un sentiment qui, chez l'homme, sourit à toutes les passions, c'est la vanité : M. de Talleyrand avait signé le traité de la quadruple alliance pour être agréable à lord Palmerston; mais voilà qu'un jour le ministre anglais, abusant de l'empire qu'il avait pris sur le vieux diplomate, s'avisa de le faire attendre dans son antichambre. Soudain l'antique fierté des Périgord se ranima chez leur descendant; l'alliance anglaise, qu'il avait voulue persévéramment depuis 1845, perdit subitement à ses yeux tout son charme. M. de Talleyrand se prit à repousser l'intervention en Espagne qu'il avait accueillie. Lord Palmerston, doué naguère de toutes les qualités dans la correspondance de l'ambassadeur français avec le roi Louis-Philippe, devint tout à coup un fat, ami du bruit, tracassier, impudent et imprudent : enfin, un homme capable de troubler cette paix générale, idole conservatrice des trônes, que la guerre renversait maintenant avec une étonnante facilité. M. de Talleyrand ayant attendu dix minutes dans l'antichambre du ministre whig; déclara que l'alliance anglaise serait funeste à la France; il quitta la partie et fut remplacé, au commencement de l'année 1836, par le général Sébastiani.

Ainsi finit la carrière diplomatique de M. de Talleyrand; mais elle avait réellement pris fin en 1815. L'homme d'État était mort depuis vingt ans; il ne restait plus de lui qu'un nom qui avait cessé d'imposer. Revenu en France, il eut quelques lances à rompre à cause de sa versatilité relativement au traité de la quadruple alliance. M. Thiers, alors ministre, n'admettait pas que la petite impolitesse faite à l'ex-ambassadeur fût suffisante pour autoriser un changement absolu de politique. L'Espagne sollicitait vivement le concours de la France; la reine Christine se faisait caressante dans sa correspondance avec le ministre-historien, laquelle lui était apportée par un moine déguisé, comme dans un romancero espagnol. De son côté, l'Angleterre pressait, et M. Thiers disait à M. de Talleyrand : « Quoi! c'est vous, signataire « du traité de la quadruple alliance, qui m'engagez « à en fouler aux pieds les clauses! C'est vous, pre- « mier ambassadeur de la Révolution de Juillet à « Londres, qui cherchez à m'éloigner de l'An-

« gleterre pour me rapprocher du continent ! »
M. Thiers eut beau faire, la vanité du vieux diplomate triompha et ce fut le ministre qui dut battre en retraite.

Au milieu des succès dus à l'intrigue ou à l'habileté de M. de Talleyrand, on put en distinguer quelques-uns obtenus par un véritable talent que certains juges sévères lui ont injustement refusé. Mais l'homme de génie ne se révéla dans aucune des phases de sa vie. Sa carrière littéraire, par exemple, fut sans éclat. Les quelques succès que M. de Talleyrand avait obtenus jadis à l'Académie des sciences morales et politiques s'étaient effacés dans la longue période de son silence d'écrivain ; aussi fut-on surpris de le voir revêtir, à quatre-vingt-quatre ans, la broderie bocagère des membres de l'Institut et paraître, soutenu par M. Mignet, au milieu d'un auditoire nombreux réuni dans l'enceinte de l'Académie... M. de Talleyrand, ami du comte Reinhart, qui le devança de quelques mois seulement dans la tombe, s'était réservé l'honneur de prononcer son éloge funèbre. Ce chant du cygne fut accueilli par une faveur qui n'était pas usurpée. Le discours du vieil académicien, débité d'une voix ferme et nette, ne manquait ni d'élégance ni de

trait. L'orateur y peignait à grandes lignes le diplomate modèle dont il avait trouvé, disait-il, la réalisation chez son ami. M. de Talleyrand, dès-lors
occupé du compte terrible que Dieu allait demander
bientôt au déserteur de l'autel, essaya ensuite,
avec peu de bonheur, un rapprochement entre la
théologie et la diplomatie, et termina par cette conclusion, démenti oratoire donné aux cinquante
années de sa carrière politique : « Cependant toutes
« ces qualités, quelque rares qu'elles soient, pour-
« raient n'être pas suffisantes si la bonne foi ne
« leur donnait pas une garantie dont elles ont
« presque toujours besoin. Je dois le rappeler,
« pour détruire ce préjugé assez généralement ré-
« pandu; non, la diplomatie n'est point une science
« de ruse et de duplicité; si la bonne foi est néces-
« saire quelque part c'est surtout dans les transac-
« tions politiques, car c'est elle seule qui les rend
« solides et durables. On a voulu confondre la
« réserve avec la ruse : la bonne foi n'autorise
« jamais la ruse, mais elle admet la réserve, et la
« réserve a cela de particulier, c'est qu'elle ajoute
« à la confiance. »

Qui ne verra poindre, dans ce mouvement de
pensée honnête, une transaction secrète entre les

opinions mondaines du vieux pécheur et le spiritualisme auquel il demande un refuge protecteur
avec le baptême tardif de la croyance? En effet,
depuis quelque temps, M. de Talleyrand, dans le
silence solennel des nuits, faisait un retour désen-
chanté vers les immoralités heureuses de sa vie.
Son âme se sentait défaillante pour cette laborieuse
liquidation du passé, dont il devait ressortir un
énorme déficit d'actions louables. Et dans sa tris-
tesse désabusée, il se prenait à regretter d'avoir
tant vécu. Mais quand le jour renaissait, le vieux
sceptique reprenait son pyrrhonisme de parade;
il était honteux de ses remords et ne voulait pas
perdre l'avantage de ses vices brillants. Puis, dès
que l'espace s'assombrissait de nouveau autour de
lui, l'ironie de son regard s'éteignait, le calme
apparent de son âme faisait place aux agitations
d'une conscience pleine de ressouvenirs accusateurs,
son enfer nocturne recommençait pour être remplacé à l'aurore par une sérénité fausse et un cy-
nisme affecté.

On a dit, dans le temps, l'origine de ces luttes
étranges. On raconte qu'en voyant communier avec
un pieux recueillement la jeune Pauline, fille de
la duchesse de Dino, M. de Talleyrand s'était laissé

toucher profondément. Cette circonstance nous paraît vraisemblable. Le célèbre politique, parvenu à cet âge où toute impression rencontre peu d'obstacles dans un organisme usé, pourrait avoir été vivement impressionné par le spectacle d'une solennité entourée de tout le prestige que le catholicisme attache à ses rites, et cette révolution morale nous étonne d'autant moins que personne au monde n'eut un caractère moins énergique que M. de Talleyrand.

Or, le retour au bercail d'une brebis depuis si longtemps égarée excitait au plus haut point l'ambition du clergé, sa conversion devait être pour l'Église le plus éclatant triomphe. La foi apostolique allait lutter corps à corps avec cette philosophie voltairienne, dont les paradoxes audacieux et le rire sarcastique avaient pénétré résolument dans l'asile mystérieux de la foi, pour commettre le sacrilége de l'expliquer : Talleyrand présentait une des têtes les plus insolemment hostiles de cette hydre ; on conçoit combien il importait, non de l'abattre, mais d'en obtenir une profession de repentir et de pénitence.

Alors madame de Dino était parvenue à cet âge auquel survient la réflexion ; cette conseillère chagrine, et féconde en désillusions. Depuis 1830, rien n'avait manqué au succès de la duchesse : tandis que son oncle subissait à Londres toutes les exigences de la politique anglaise, elle, dans les salons de l'ambassade, obtenait une éclatante compensation d'hommages : on lui laissait croire qu'elle exerçait une grande influence sur les affaires, et elle s'en était aisément convaincue.

Revenue en France, madame de Dino ne trouva plus dans son entourage ces courtisans empressés qu'elle avait vus autour d'elle en Angleterre : chez nous l'esprit et la beauté vieillissent plus promptement que chez nos voisins : un chroniqueur malin ajouterait que la consommation en est plus active. Il faut tout dire, la cour bourgeoise des Tuileries continuait mal les habitudes de quintescence aristocratique, dont la nièce du diplomate s'était enivrée à Londres ; elle songea à se rapprocher du faubourg Saint-Germain. La tentative paraissait difficile, hasardeuse : madame de Dino s'était immergée profondément dans le système de la monarchie citoyenne ; et, de plus, elle appartenait à ce déserteur du vieux blason, qui, depuis cinquante ans, l'éclablaussait de sa boue démocratique. Cependant, bien conseillée, la duchesse en vint à penser qu'en mettant le pied sur

la planche de salut que la religion offre à tout pécheur repentant, elle pourrait, non-seulement arriver jusqu'au noble faubourg, mais encore y emme-
ner par la main le descendant des comtes de la
Marche, contrit et confessé.

Pour cela, il fallait obtenir de M. de Talleyrand
un désaveu public des innombrables méfaits qu'il
avait commis. Or, l'attentive nièce avait saisi,
dans les habitudes de son oncle, la trace des retours qu'il commençait à faire sur lui-même ; elle
connaissait son empire sur le vieillard : le succès
lui parut possible.

Une circonstance inquiétait cependant la duchesse : M. de Montrond, « homme d'État anonyme,
« et génie clandestin, roué sans égal... possédait
« au plus haut degré la grâce dans l'impertinence
« et le dandysme de l'incrédulité », (1). M. de Montrond jouait, auprès de M. de Talleyrand, le rôle
de d'Alembert auprès de Voltaire, flottant entre la
philosophie et la pénitence ; et cet athlète redoutable avait pour auxiliaires MM. Thiers et Mignet.
Mais la philosophie, toute femme qu'elle est, a des
accents mâles et rudes qui caressent moins l'oreille

(1) *Histoire de Dix ans*, t. V, p. 295.

que la voix d'une nièce charmante. M. de Montrond
et ses lieutenants furent mis en défaut.

M. de Talleyrand se prit à demander des livres
pieux à son libraire ; un jour on trouva cette indi-
cation tracée de sa main sur un petit carré de pa-
pier : *La religion chrétienne étudiée dans le véritable
esprit de ses maximes ;* enfin le diplomate, déjà malade, manda auprès de lui l'abbé Dupanloup, prêtre
du diocèse de Paris. Cet ecclésiastique, qui sans
doute n'était pas initié aux projets de conquête de
M. l'archevêque, refusa d'abord d'approcher d'un
homme qu'il qualifiait d'Antéchrist. Mais le prélat
lui prescrivit de faire taire sa répugnance, à la glo-
rification de l'Église. M. Dupanloup obéit, et dé-
buta par une lettre où se trouvaient invoqués,
comme indélébiles , des souvenirs de sacerdoce
trop longtemps oubliés. M. de Talleyrand répondit : « Les souvenirs que vous invoquez, monsieur
« l'abbé, me sont tous bien chers, et je vous re-
« mercie d'avoir deviné la place qu'ils ont con-
« servée dans ma pensée et dans mon cœur. »

Dès lors les entretiens religieux entre M. de Talleyrand et l'abbé devinrent journaliers ; un écouteur aux portes n'eût entendu que la conversation
de deux prêtres, également pénétrés des trésors de

la grâce. Ces entrevues apostoliques durèrent trois mois ; à l'expiration de cette période, Charles-Maurice était décidé, non-seulement à remplir ses devoirs religieux, mais à abjurer publiquement ce qu'il appelait lui-même les erreurs énormes de sa vie. Pour sa réconciliation avec l'Église, il écrivit deux actes distincts : 1° Une lettre au pape, où, se faisant le censeur sévère de son passé, il désavouait particulièrement sa participation à la constitution civile du clergé ; 2° une déclaration de principes dans laquelle il s'efforçait de justifier sa versatilité politique, et d'effacer les empreintes de trahison dont sa carrière publique a été flétrie, en présentant ses infidélités successives comme des nécessités impérieuses pour le salut du pays.

La lettre au pape fut soumise à M. l'archevêque de Paris, qui, y ayant aperçu quelques restrictions, exigea qu'elles disparussent. M. de Talleyrand se soumit, comme un enfant, aux intimations du prélat, malgré les vives réclamations de MM. Thiers et Mignet. La rétractation publique imposée au pontife du Champ-de-Mars, au promoteur de la constitution civile du clergé, outrageait les traditions de la Révolution, invoquées récemment, et qui triomphaient, sinon en pratique, du moins dans les institutions organiques de la monarchie constitutionnelle. Les efforts des jeunes hommes d'État échouèrent ; le clergé triompha sans aucune réserve.

Le jour même de la mort du prince de Talleyrand (17 mai 1838), les deux actes mentionnés plus haut furent lus dans la chambre du moribond ; M. Royer-Collard, parmi d'autres témoins, assistait à cette lecture. Dans la même journée (quelques écrivains disent la veille), M. de Talleyrand fut visité par le roi : « C'est le plus grand honneur « qu'ait jamais reçu ma maison, » dit avec attendrissement le diplomate mourant... Il faut reléguer parmi les fables le fait suivant : le monarque ayant demandé à M. de Talleyrand s'il souffrait beaucoup, et celui-ci ayant répondu : *Comme un damné*, Sa Majesté aurait murmuré : *Déjà*...

Il est plus authentique que le gentilhomme agonisant, confessé, et ayant reçu l'extrême-onction, écouta vers quatre heures du soir une communication de M. l'archevêque, se terminant par ces mots : « Pour M. de Talleyrand, je donnerais ma vie. — « Il aurait un meilleur usage à en faire, » répondit Charles-Maurice... et il expira. Son dernier soupir fut traversé par un dernier jet de sa malice.

Ainsi finit l'homme d'État qui, durant près d'un demi-siècle, avait exercé cette subtilité, cet esprit de ruse qu'il renia, comme ressource diplomatique, dans son dernier discours à l'Académie des Sciences morales et politiques, ressource à laquelle il dut pourtant ses plus grands succès. Car, il faut l'avouer, les facultés de M. de Talleyrand ne s'élevèrent jamais jusqu'aux conceptions qui marquent la place d'un homme parmi les génies de son siècle ; personne peut-être ne sut mieux arranger les grandes choses, mais il était incapable de les créer.

Quant à la conduite de ce précepteur des Metternich, des Nesselrode, des Pozzo di Borgo, à part le soin qu'il prit constamment d'abandonner les fortunes défaillantes, à des époques où son devoir eût été de les soutenir, peut-être ne connaît-on pas encore assez bien les ressorts de notre longue révolution pour asseoir le blâme ou l'éloge d'un diplomate qui eut la main dans toutes les affaires extérieures de la France ; d'un conseiller de nos gouvernants républicains ou monarchistes, qui fit accueillir ses avis lors même que l'on doutait de sa fidélité. Néanmoins, M. de Barante se montre beaucoup trop optimiste lorsque, couvrant M. de Talleyrand du vaste bouclier de la nécessité, comme

dit un biographe spirituel, il dit : « A toute épo-
« que, et surtout en temps de révolution, se pro-
« poser un système exclusif et invariable, se don-
« ner un programme de conduite dont on ne s'é-
« cartera point, n'a jamais été le fait d'un homme
« sensé, pas même de ceux à qui on l'a imputé. Le
« caractère et l'esprit d'un homme d'État peuvent
« avoir une plus large unité ; il peut être semblable
« à lui-même dans des situations différentes. L'a-
« mour de la patrie et de tout ce qui peut lui don-
« ner honneur et prospérité ; un goût naturel pour
« les lumières et les progrès de la civilisation, la
« tolérance des opinions diverses, un éloignement
« invariable pour les persécutions et les violences,
« une sympathie réelle pour les idées libérales, une
« préférence marquée pour telle ou telle forme po-
« litique, de la patience à savoir attendre sans
« tomber dans l'indifférence, la répugnance pour
« l'exagération et la précipitation, tel est l'ensem-
« ble des qualités qui ont caractérisé la vie politi-
« que de M. de Talleyrand ; il les a portées dans
« la République comme dans la monarchie, sous le
« Directoire, comme sous l'autorité constitution-
« nelle. »

Ce panégyrique, prononcé devant la Chambre

des pairs, est tissu avec adresse; mais le voile complaisant qu'il étend sur la vie de M. de Talleyrand en laisse voir les taches à travers sa transparence. Sans doute quelques passages de cet éloge sont exacts : il est vrai que le célèbre politique ne fut ni sanguinaire, ni partisan des violences, ni même méchant. Nous admettrons, si l'on veut, que plusieurs de ses actions aient été empreintes d'un certain patriotisme, quoique toujours entachées de vénalité; mais l'histoire ne peut capituler avec la morale jusqu'au point d'admettre cette *large unité* qui fit de la trahison un moyen politique. C'était étrangement *aimer la patrie*, c'était servir plus étrangement *son honneur et sa prospérité*, que de l'abandonner à la domination étrangère en 1814 et 1815; puis, lorsque la nation eut brisé de nouveau ses entraves, ce fut témoigner d'un singulier patriotisme que de laisser absorber la gloire d'une révolution nouvelle par la politique anglaise.

Si l'on accorde une grande intelligence à M. de Talleyrand, il est impossible de croire à la pureté de ses intentions. Et si l'on veut reconnaître à toute force que cet homme d'État ait cru à la nécessité de prêter son concours aux systèmes les plus opposés; qu'il ait pu se ranger, convaincu, sous des bannières essentiellement diverses ; qu'enfin des principes proclamés salutaires à une époque aient pu lui paraître funestes à une autre : comment croire à sa bonne foi quand, du milieu de ces variations, ou plutôt de ces métamorphoses, on voit surgir perpétuellement la cupidité, l'égoïsme prompt avant tout à s'appliquer les avantages d'un régime nouveau ? Celui qui fit un tel mépris des avertissements de la conscience publique, et qui donna d'aussi scandaleux exemples ne trouvera point grâce devant la postérité. Que l'Église ait pardonné, nous le concevons : mais la morale ne peut absoudre tant d'attentats à ses droits.

FIN.

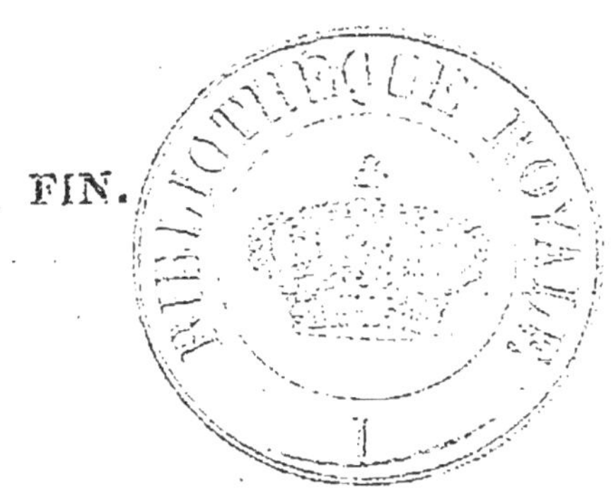

9 782012 940505